급할 때 바로 찾아 말하는

시원스쿨 여행일본어

급할 때 바로 찾아 말하는

시원스쿨 **여행일본어**

개정 1쇄 발행 2023년 6월 29일
개정 2쇄 발행 2024년 1월 12일

지은이 시원스쿨어학연구소
펴낸곳 (주)에스제이더블유인터내셔널
펴낸이 양홍걸 이시원

홈페이지 www.siwonschool.com
주소 서울시 영등포구 영신로 166 시원스쿨
교재 구입 문의 02)2014-8151
고객센터 02)6409-0878

ISBN 979-11-6150-726-2 13730
Number 1-311414-22221800-04

급할 때 바로 찾아 말하는

시원스쿨

여행
일본어

시원스쿨 여행일본어는
다음과 같은 생각에서 만들었습니다.

「여행 일본어」 책은 일본어를 배우는 책이 아니다!

일본어의 기본적인 원리를 알고 있다면 일본어가 참으로 쉽고 실력이 부쩍 늘 수 있는 언어라는 것을 느낄 것이다.

그러나 일본어의 원리를 익히기까지는 시간이 걸리는 것이 사실이다. 적게는 2개월에서 많게는 1년 정도가 걸린다.

「여행 일본어」 책에서 일본어의 원리를 나열한다면 이 책의 두께가 지금의 3배는 되어야 할 것이다.

현실적으로 들고 다닐 책으로는 적합하지 않게 된다.

그러면 여행까지 3개월 정도의 시간을 앞두고 있는 우리에게 현실적으로 필요한 책은?

빨리 찾을 수 있는 책이어야 한다.

그 순간이 왔을 때 바로 바로 눈에 문장들이 들어와야 한다.

이 책은 상황 → 단어 → 문장으로 연결된 국내 최초의 여행 일본어 책이다.

상황 속에 포함된 단어를 떠올리고 거기에

뻔하게 쓸 문장을 바로 찾을 수 있게 했다.

이 책의 유일한 목표는 빨리 찾아 말하게

하는 것이다.

시원스쿨 여행일본어를
100% 활용하는 법

색인 〈 미리 보는 여행 일본어사전 〉

단어와 문장만 순서대로 모아 놓은 색인. 모든 상황의 핵심 회화 표현이 가나다 순서대로 모아져 있어 필요한 문장을 빠르게 찾을 수 있다.

Step 1 여행지에서 겪을 수 있는 10가지 상황을 각 PART로 구분

Step 2 각 상황별로 필요한 단어의 사전식 구성

· **단어만 말해도 말이 통한다.**
여행에서 필요한 단어는 뻔하게 정해져 있고 많지도 않다. 급하면 약간의 바디랭귀지와 함께 이 단어만 말해도 된다.

Step 3 해당 단어의 번호를 따라 문장 찾기

· **급할 때 빨리 찾아 읽는다.**
1. 각 단어 옆에 표기되어 있는 번호 대로 옆 페이지를 따라가 보면 문장들을 찾을 수 있다. 언제 어디서든 필요한 문장들을 몇 초 안에 찾을 수 있다.
2. 여행에 필요한 상황은 총 10가지. 어떤 페이지를 펼치더라도 필요한 상황으로 빨리 넘어가도록 표시되어 있다.

· 자신 있게 말한다.

언어가 통하지 않아 불편한 상황이 있어도 차마 말 못하고
참아야 했던 현실…
이젠 참지 않고 자신 있게 말하자!

Step 4 실제로 듣고 말해서 실전 감각 익히기

간편하게 QR코드를 찍어 네이티브 음성을 듣고 따라 말하는 연습을 하여 실전 감각을
익힐 수 있다.

함께 활용하면 효과가 up! 부록

1. MP3 QR 제공

   본문에 등장하는 상황별 단어와 '자신 있게 외쳐라', '난 듣기도 돼'의 문장을 QR코드
   로 간편하게 찍어 들을 수 있다.

2. 여행일본어 표현&단어 PDF 제공

   일본 여행 시 꼭 마주치는 상황별 표현과 알고 있으면 일본 여행이 편해지는 단어들
   만 엄선했다. 홈페이지 및 모바일에서도 다운로드가 가능하다.

3. 일본 배낭여행을 위한 정보 수록

   교통, 숙박 정보에서부터 스포츠, 축제, 먹을거리, 쇼핑리스트까지 일본 배낭여행을
   갈 때 유용한 정보들을 모두 모았다.

※ MP3 파일과 휴대용 단어장은 http://japan.siwonschool.com/
   →수강신청→교재/MP3에서 다운 받을 수 있습니다.

목차 CONTENTS

머리말 004

이 책의 구성 및 활용 005

목차 007

〈색인〉 미리 보는 여행 일본어 사전 008

일본 여행 Tip 032

PART 01 **기내에서** 046

PART 02 **공항에서** 066

PART 03 **거리에서** 092

PART 04 **택시 & 버스에서** 112

PART 05 **전철 & 기차에서** 132

PART 06 **호텔에서** 152

PART 07 **식당에서** 188

PART 08 **관광할 때** 234

PART 09 **쇼핑할 때** 262

PART 10 **귀국할 때** 288

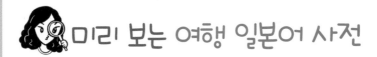# 미리 보는 여행 일본어 사전

필요한 단어와 문장이 한글 순서로 제시되어 있다.
원하는 문장을 골라 뒤에서 찾아보자.

ㄱ

가게에서 먹을 거예요 / 店内で食べます
· 드시고 가세요? 아니면 포장이세요? ── 212
· 가게에서 먹을 거예요. ──────── 212

가방 / かばん
· 가방 보려고요. ──────────── 280
· 숄더백 보여주세요. ───────── 280
· 토트백 보여주세요. ───────── 280
· 클러치 보여주세요. ───────── 280
· 지갑 보려고요. ──────────── 280
· 남자 지갑 보여주세요. ─────── 280
· 여자 지갑 보여주세요. ─────── 280

간식거리 / お菓子
· 간식거리 좀 있나요? ──────── 057
· 땅콩 주세요. ──────────── 057
· 프렛젤 주세요. ─────────── 057
· 쿠키 주세요. ──────────── 057

갇혔어요 / 閉じ込められました
· 방에 갇혔어요. ────────── 182
· 엘리베이터에 갇혔어요. ───── 182
· 화장실에 갇혔어요. ──────── 182

감자튀김 / ポテト
· 감자튀김 하나 주세요. ────── 211
· 감자튀김 큰 걸로요. ─────── 212
· 감자튀김은 얼마예요? ────── 212

개인금고 / 個人金庫
· 개인금고 어떻게 써요? ────── 174
· 개인금고 안 열려요. ─────── 174
· 개인금고에 뭐가 있어요. ───── 174

거리 / 通り
· 이 거리 어디예요? ──────── 102
· 이 거리로 데려다 줘요. ───── 102
· 이 거리를 따라 쭉 내려가요. ── 102
· 이 다음 거리에 있어요. ───── 102

걸어요 / 歩きます
· 여기서 걸어갈 수 있어요? ──── 104
· 얼마나 걸어요? ──────────── 104
· 뛰어서 가면요? ──────────── 104
· 걸어가기엔 멀어요. ──────── 104

게이트 / ゲート
· 게이트를 못 찾겠어요. ────── 071
· 98번 게이트는 어디에 있어요? ── 071

계산서 (호텔) / 会計書
· 계산서 보여주세요. ──────── 176
· 계산서 틀렸어요. ────────── 176
· 자세한 계산서 보여주세요. ──── 176

계산서 (식당) / 会計書
· 계산할게요. ──────────── 209
· 계산서 주실래요? ────────── 209
· 계산서가 잘못 됐어요. ────── 209

· 이 메뉴 안 시켰는데요. ——————— 209
· 세금 포함한 금액이에요? ——————— 210

고마워요 / ありがとうございます
· 고마워요. ——————————— 105
· 도와줘서 고마워요. ——————— 105
· 덕분에 살았어요. ——————— 106

고장이에요 / 故障です
· 드라이어가 고장이에요. ——————— 181
· 텔레비전이 고장이에요. ——————— 181
· 컴퓨터가 고장이에요. ——————— 181
· 전화기가 고장이에요. ——————— 181
· 샤워기가 고장이에요. ——————— 181
· 비데가 고장이에요. ——————— 181

골목 / 細道
· 이 골목으로 들어가요? ——————— 103
· 이 골목으로 들어가요. ——————— 103
· 이 골목은 아니에요. ——————— 103
· 다음 골목이에요. ——————— 103
· 이 골목은 위험해요. ——————— 103

공연 / 公演
· 공연 볼 거예요. ——————— 249
· 공연 언제 시작해요? ——————— 249
· 공연 얼마 동안 해요? ——————— 249
· 공연이 취소되었습니다. ——————— 249

공연 시간 / 公演時間
· 공연 시간이 얼마나 되죠? ——————— 250
· 공연 시간 동안 뭐 먹어도 되나요? —— 250
· 공연 시간 동안 사진 찍어도 되나요? — 250
· 공연 시간이 짧네요. ——————— 250
· 공연 시간이 길어요. ——————— 250

공중전화 / 公衆電話
· 공중전화 어디 있어요? ——————— 258

공중화장실 / 公衆トイレ
· 공중화장실 어디 있나요? ——————— 109

공항 / 空港
· 공항 갈 거예요. ——————— 179
· 공항 가려면 뭐 타요? ——————— 179
· 공항 가는 버스 있어요? ——————— 179

관광 명소 / 観光名所
· 제일 유명한 관광 명소가 어떤 거죠? —— 242
· 관광 명소 추천해 주세요. ——————— 243
· 야경이 예쁜 곳은 어디예요? ——————— 243
· 꼭 가보는게 좋을까요? ——————— 243

교환 / 交換
· 교환하고 싶어요. ——————— 283
· 영수증 있으세요? ——————— 283
· 왜 교환하시려고요? ——————— 283
· 어떤 걸로 교환하시겠어요? ——————— 283
· 고장났어요. ——————— 284
· 마음에 안 들어요. ——————— 284
· 사이즈 때문에요. ——————— 284

금지 / 禁止
· 촬영 금지 ——————— 254
· 플래시 금지 ——————— 254
· 진입 금지 ——————— 254
· 애완동물 금지 ——————— 254
· 비디오 촬영 금지 ——————— 254

급행열차 / 急行
· 여기로 가는 급행열차 있어요? ——————— 139
· 급행열차 어디서 갈아타요? ——————— 139
· 급행열차 몇 시에 있어요? ——————— 140

기내면세품 / 機内免税品
· 기내면세품 좀 보여줘요. ——————— 061
· 신용카드 되나요? ——————— 061

· 원화 되나요? —————— 061

기다려요 / 待ってください

· 얼마나 기다려요? —————— 124
· 10분 기다리세요. —————— 124
· 기다리지 마세요. 여기 안 와요. —————— 124

기본 요금 / 基本料金

· 기본 요금이 얼마예요? —————— 118

길 / 道

· 이 길이 맞아요? —————— 098
· 길 좀 알려줄 수 있어요? —————— 098
· 이 방향이 맞아요? —————— 098
· 이 길이 아닌 것 같아요. —————— 098

길을 잃었어요 / 道に迷いました

· 저 길을 잃었어요. —————— 109
· 저 여행객인데, 도와주세요. —————— 109

ㄲ

깨지기 쉬워요 / 割れやすいです

· 이거 깨지기 쉬워요. —————— 281
· 조심하셔야 해요. —————— 281
· 잘 포장해 주세요. —————— 281

끼었어요 / 挟まりました

· 창문에 목이 끼었어요. —————— 127
· 옷이 끼었어요. —————— 127
· 문에 손이 끼었어요! —————— 129
· 문에 스카프가 끼었어요! —————— 129

ㄴ

나무젓가락 / わりばし

· 나무젓가락 떨어뜨렸어요. —————— 203
· 나무젓가락에 뭐가 묻어있어요. —————— 204
· 나무젓가락 하나 더 주세요. —————— 204

· 다른 나무젓가락으로 주세요. —————— 204

나이프 / ナイフ

· 나이프 주세요. —————— 205
· 나이프 떨어뜨렸어요. —————— 206
· 나이프에 뭐가 묻어있어요. —————— 206
· 나이프 하나 더 주세요. —————— 206
· 다른 나이프로 주세요. —————— 206

내 방 / 私の部屋

· 내 방이 어디죠? —————— 165
· 방을 못 찾겠어요. —————— 165
· 방이 어두워요. —————— 165
· 방이 너무 더워요. —————— 166
· 방이 너무 추워요. —————— 166
· 방이 너무 더러워요. —————— 166
· 방에서 냄새나요. —————— 166
· 방을 바꿔 주시겠습니까? —————— 166
· 좀 더 넓은 방은 없습니까? —————— 166

내려요 (택시&버스) / 降ります

· 여기서 내려요. —————— 124
· 어디서 내리면 되나요? —————— 125
· 여기서 내리는 거 맞아요? —————— 125
· 내려야 할 때 알려주세요. —————— 125

내려요 (전철&기차) / 降ります

· 여기서 내리세요. —————— 144
· 여기서 내리면 안 됩니다. —————— 144
· 여기서 내리면 되나요? —————— 144
· 이 역에서 내려주세요. —————— 144

냅킨 / ナプキン

· 냅킨 어디 있어요? —————— 209
· 여기 냅킨 없어요. —————— 209

너무 뜨거워요 / とてもあついです

· 이거 너무 뜨거워요. —————— 226

· 접시가 뜨거우니 조심해 주세요. ——— 226
· 저 지금 데일 뻔 했어요! ——— 226

너무 매워요 / とても辛いです

· 이거 너무 매워요. ——— 227

너무 작아요 / 小さすぎます

· 너무 작아요. ——— 285
· 큰 걸로 바꿔 주세요. ——— 285

너무 짜요 / とてもしょっぱいです

· 이거 너무 짜요. ——— 226

너무 차가워요 / とても冷たいです

· 이거 너무 차가워요. ——— 227
· 데워 주세요. ——— 227

너무 커요 / 大きすぎます

· 너무 커요. ——— 285
· 작은 걸로 바꿔 주세요. ——— 285

노선도 / 路線図

· 노선도 어디 있나요? ——— 145
· 노선도 하나 받을 수 있나요? ——— 145
· 노선도 보는 것 좀 도와주세요. ——— 145

놓쳤어요 / 乗り過ごしました

· 제 비행기를 놓쳤어요. ——— 297
· 비행기를 놓쳤는데, 누구한테 물어봐요? — 297

ㄷ

다른 방향 / 違う方向

· 열차 잘못 탔어요. ——— 149
· ○○선을 잘못 탔어요. ——— 149

다음 비행편 (공항) / 次のフライト

· 다음 비행기는 그럼 언제예요? ——— 072
· 다음 비행편은 어떤 항공사예요? ——— 072
· 다음 비행편은 얼마예요? ——— 072

다음 비행편 (귀국) / 次のフライト

· 다음 비행편은 언제예요? ——— 297
· 전 어떡하나요? ——— 297

단품 / 単品

· 아니요, 단품으로요. ——— 211
· 단품 가격이에요? ——— 211

닭 / 鶏肉

· 닭 요리로 할게요. ——— 202
· 닭 요리로 추천해주세요. ——— 202
· 닭이 덜 익었어요. ——— 202
· 닭이 탔어요. ——— 202

담요 / モーフ

· 담요 없어요. ——— 054
· 담요 주세요. ——— 054
· 담요 하나만 더 주세요. ——— 054

대기 / 待機

· 얼마나 대기해요? ——— 073
· 어디서 대기해요? ——— 073
· 대기하는 동안 나갈 수 있어요? ——— 073

대기장소 / ラウンジ

· 대기장소 어디예요? ——— 074
· 인터넷 할 수 있는 곳 어디예요? ——— 074
· 비즈니스 라운지는 어디예요? ——— 074

도둑맞았어요 / 泥棒に遭いました

· 도둑맞았어요. ——— 184
· 제 가방 도둑맞았어요. ——— 184
· 제 짐 도둑맞았어요. ——— 184
· 제 금고 도둑맞았어요. ——— 184

도착 / 到着

· 도착이 언제예요? ——— 247
· 도착 시간이 늦네요. ——— 247

돈 냈어요 / お金払いました
かねはら

· 이미 돈 냈어요. ———————— 283

· 공평하지 않네요. ———————— 283

· 경찰을 불러줘요. ———————— 283

· CCTV 확인해 보세요. ————— 283

· 통역을 불러요. ———————— 283

돌아가다 / 遠回りする
とおまわ

· 왜 돌아가요? ———————— 127

· 돌아가는 거 같은데요! ————— 127

두 명 / 二人
ふたり

· 2명이요. ———————— 194

· 혼자예요. ———————— 194

두통 / 頭痛
ずつう

· 두통 있는 것 같아요. ————— 063

· 두통약 좀 주세요. ————— 063

둘러보는 거예요 / ただ見てるだけです
み

· 그냥 보는 거예요. ———————— 277

· 도움이 필요하면 부를게요. 감사해요. — 277

드라이기 / ドライヤー

· 드라이기 주세요. ———————— 169

· 드라이기 없어요. ———————— 169

· 드라이기 고장났어요. ————— 169

· 드라이기 잘 안 돼요. ————— 169

디저트 / デザート

· 디저트 뭐 있어요? ———————— 206

· 이제 디저트 먹을게요. ————— 206

· 달지 않은 디저트 있어요? ————— 206

· 아이스크림 종류는 뭐 있어요? ——— 206

· 그냥 디저트는 안 먹을게요. ————— 207

ㄸ

떨어뜨렸어요 / 落としました
お

· 나무젓가락 떨어뜨렸어요. ————— 227

· 숟가락 떨어뜨렸어요. ————— 227

· 포크 떨어뜨렸어요. ———————— 228

· 나이프 떨어뜨렸어요. ————— 228

· 잔을 떨어뜨렸어요. ———————— 228

· 접시를 떨어뜨렸어요. ————— 228

뜨거운 / ホット

· 뜨거운 아메리카노 한 잔이요. ——— 215

· 뜨거운 라떼 한 잔이요. ————— 215

· 머그에 뜨거운 물 좀 주세요. ——— 215

ㄹ

레스토랑 / レストラン

· 레스토랑 어디예요? ———————— 074

· 한국 레스토랑 있어요? ————— 074

· 카페 어디 있어요? ———————— 075

· 간단한 걸로 주세요. ————— 075

· 오래 걸려요? ———————— 075

로비 / ロビー

· 로비가 어디예요? ———————— 157

· 로비를 못 찾겠는데요. ————— 157

· 로비는 몇 층인가요? ————— 157

룸 서비스 / ルームサービス

· 룸 서비스 시킬게요. ————— 173

· 룸 서비스 메뉴 보고 싶어요. ——— 173

· 룸 서비스로 아침 갖다 주세요. ——— 174

· 룸 서비스로 와인 갖다 주세요. ——— 174

리모컨 / リモコン

· 리모컨이 없어요. ———————— 055

· 리모컨이 안 되는데요. ————— 055

· 리모컨 다른 걸로 갖다 주세요. ——— 055

리필 / おかわり

· 리필 되나요? ——————— 231
· 이거 리필 해 주세요. ——————— 231
· 다른 음료로 리필 할 수 있나요? ——— 231

□

마실 것 / 飲み物

· 어떤 음료로 하시겠어요? ——————— 056
· 물 주세요. ——————— 056
· 오렌지 주스 주세요. ——————— 056
· 콜라 주세요. ——————— 056
· 사이다 주세요. ——————— 056
· 녹차 주세요. ——————— 056
· 커피 주세요. ——————— 056
· 맥주 주세요. ——————— 057
· 와인 주세요. ——————— 057

맛이 이상한데요 / 味が変です

· 너무 싱거워요. ——————— 227
· 소금 좀 주세요. ——————— 227
· 이거 맛이 이상한데요. ——————— 227
· 주방장 불러줘요. ——————— 227

매진 / 完売

· 매진 되었나요? ——————— 251
· 다음 공연은 몇 시예요? ——————— 251
· 아예 표가 없어요? ——————— 251
· 자리가 나면 연락 주세요. ——————— 251

매표소 (전철&기차) / 切符売り場

· 매표소 어디예요? ——————— 137
· 매표소 어떻게 가요? ——————— 138
· 매표소로 데려다 주세요. ——————— 138
· 표 살 거예요. ——————— 138

매표소 (관광) / チケット売り場

· 매표소 어디예요? ——————— 239

· 매표소 가까워요? ——————— 239
· 매표소 먼가요? ——————— 239

메뉴 / メニュー

· 메뉴 어떤 걸로 하실래요? ——————— 197
· 특별한 메뉴가 있나요? ——————— 197
· 오늘의 메뉴는 뭐죠? ——————— 197
· 메뉴 잘못 나왔어요. ——————— 197
· 한국어 메뉴는 없나요? ——————— 197
· 메뉴를 보여주세요. ——————— 197
· 저것과 같은 요리를 주세요. ——————— 197

면세점 / 免税店

· 면세점 어디예요? ——————— 075
· 면세점 멀어요? ——————— 075
· 화장품 어디 있어요? ——————— 075
· 선물할 거예요. ——————— 075

몇 층 / 何階

· 제 방 몇 층이에요? ——————— 162
· 얼음 몇 층에 있어요? ——————— 162
· 자판기 몇 층에 있어요? ——————— 162
· 세탁기는 몇 층에 있어요? ——————— 162
· 대욕탕은 몇 층에 있어요? ——————— 162
· 노천탕은 몇 층에 있어요? ——————— 162
· 1층이에요. ——————— 162
· 2층이에요. ——————— 162
· 3층이에요. ——————— 162
· 4층이에요. ——————— 162

몇 호선 / 何線

· 여기 갈 건데 몇 호선 타요? ——————— 145
· 이 노선 타면 여기 가나요? ——————— 145
· 이 노선으로 갈아 탈 거예요. ——————— 145

모닝콜 / モーニングコール

· 모닝콜 해주세요. ——————— 173
· 7시에 해주세요. ——————— 173

· 모닝콜 취소할게요. ——————— 173
· 모닝콜 연달아 두 번 해주세요. ——— 173

모퉁이 / 角

· 이 모퉁이를 돌면 있어요. ————— 102
· 이 모퉁이를 돌면 있다고 했는데… —— 102
· 여기 돌면 이 건물이 있어요? ———— 102
· 여기 말고 다음 모퉁이예요. ———— 103

못 내렸어요 / 降りれませんでした

· 못 내렸어요! ————————— 128
· 여기서 내려야 되는데! ————— 128
· 세워줘요! —————————— 128

무대 뒤 / 舞台裏

· 무대 뒤에 가볼 수 있나요? ———— 253
· 오늘은 백스테이지에 들어가실 수
  없습니다. ————————— 253
· 백스테이지에서 배우들과 사진을
  찍을 수 있습니다. ————— 253

문 / ドア

· 문 좀 열어주세요. ——————— 129
· 문이 안 열려요. ———————— 129
· 문이 안 닫혔어요. ——————— 129

물 / 水

· 물이 안 나와요. ———————— 170
· 물이 뜨거워요. ———————— 170
· 물이 차가워요. ———————— 170
· 물 온도 조절이 안 돼요. ————— 170
· 샤워기에서 물이 안 나와요. ———— 170
· 변기 물이 안 내려가요. ————— 170

뭐가 없어요 / ありません

· 티슈가 없어요. ———————— 231
· 빨대가 없어요. ———————— 231
· 우유가 없어요. ———————— 231
· 시럽이 없어요. ———————— 231

· 소금이 없어요. ———————— 231

미니바 / ミニバー

· 미니바 이용 안 했는데요. ———— 177
· 미니바에서 물만 마셨어요. ———— 177
· 미니바에서 맥주만 마셨어요. ——— 177
· 미니바 요금이 잘못 됐어요. ———— 177

ㅂ

바꿔주세요 / 交換してください

· 벌레가 들어가 있었어요. ————— 229
· 머리카락이 들어가 있었어요. ——— 229

반납 / 返却

· 휴대폰 반납하려고요. ————— 293
· 렌트카 반납하려고요. ————— 293

반대쪽 / 反対側

· 반대쪽에서 타야 됩니다. ————— 123
· 반대쪽으로 가려면 어디로 가요? —— 123
· 반대쪽 버스가 ○○에 가요? ———— 123

발권기 / 発券機

· 발권기 어딨어요? ——————— 138
· 발권기 어떻게 써요? —————— 138
· 발권기 안 되는데요. —————— 138
· 발권기 쓰는 것 좀 도와줘요. ——— 138
· 표가 안 나와요. ———————— 138

방 키 / 部屋の鍵

· 방 키 하나 더 주세요. ————— 163
· 방 키 없어졌어요. ——————— 163
· 방 키가 안 돼요. ——————— 163
· 방 키 어떻게 꽂아요? —————— 163
· 키를 방 안에 두고 나왔습니다. ——— 163

버스 요금 / バース料金

· 버스 요금이 얼마예요? ——————— 123
· 버스 요금 현금으로 내요? ——————— 123
· 버스 요금은 어떻게 내요? ——————— 123

버스 정류장 / バス停
· 버스 정류장 어디예요? ——————— 122
· 버스 정류장 가까워요? ——————— 122
· 버스 어디서 탈 수 있어요? ——————— 122
· 버스 정류장 걸어갈 수 있어요? ——— 122

베개 (기내) / 枕
· 베개 있어요? ——————— 059
· 이 베개 좀 불편해요. ——————— 059
· 다른 베개 갖다 주세요. ——————— 059

베개 (호텔) / 枕
· 베개 하나 더 주세요. ——————— 168
· 베개가 너무 딱딱해요. ——————— 168
· 베개가 너무 높아요. ——————— 168
· 베개가 너무 낮아요. ——————— 168
· 베개 큰 거 있어요? ——————— 168

베이글 / ベーグル
· 베이글 있어요? ——————— 221
· 베이글 뭐 있어요? ——————— 221
· 데워드릴까요? ——————— 221
· 베이글 말고 뭐 있어요? ——————— 221
· 스콘 있어요? ——————— 221

벨 / ベル
· 벨 어디 있어요? ——————— 128
· 벨 좀 눌러주실래요? ——————— 128
· 벨이 손에 안 닿네요. ——————— 128
· 벨 눌렀거든요! ——————— 128

변경 / 変更
· 비행기 변경하려고요. ——————— 291
· 티켓 변경하려고요. ——————— 291

· 자리 변경하려고요. ——————— 291

변기 / 便器
· 물을 내리세요. ——————— 052
· 변기가 막혔습니다. ——————— 052

복통 / 腹痛
· 복통 있는 것 같아요. ——————— 063
· 복통약 좀 주세요. ——————— 063

분실 / 紛失
· 제 짐이 없는데요. ——————— 081
· 제 짐이 안 나왔어요. ——————— 081
· 짐을 잃어버린 것 같아요. ——————— 081

불 / 電気
· 불 어떻게 켜요? ——————— 053
· 불이 너무 밝아요. ——————— 053
· 불 좀 꺼주세요. ——————— 053

비행기멀미 / 飛行機酔い
· 저 멀미나요. ——————— 063

ㅃ

빨대 / ストロー
· 빨대 어디 있어요? ——————— 214
· 빨대 안 주셨는데요. ——————— 214
· 빨대 없어요. ——————— 214
· 빨대도 넣어 주셨어요? ——————— 214

빨리 가주세요 / もう少し早くお願いします
· 빨리 가주세요. ——————— 119
· 빨리 가주실 수 없나요? ——————— 120
· 빨리 가야 돼요. ——————— 120

ㅅ

사이즈 (식당) / サイズ

· 사이즈 어떤 걸로 드려요? ——— 218
· 사이즈 어떤 거 있어요? ——— 218
· 이게 무슨 사이즈예요? ——— 218
· 제일 큰 거 주세요. ——— 218
· 제일 작은 거 주세요. ——— 218

사이즈 (쇼핑) / サイズ

· 사이즈가 어떻게 되세요? ——— 271
· 커요. ——— 271
· 작아요. ——— 271
· 더 큰 걸로 주세요. ——— 271
· 더 작은 걸로 주세요. ——— 271

사진 / 写真

· 사진 찍어도 되나요? ——— 245
· 사진 찍으시면 안됩니다. ——— 245
· 사진 한 장만 찍어줄래요? ——— 245
· 이거랑 같이 찍어주세요. ——— 245
· 우리 같이 찍어요. ——— 245

샌드위치 / サンドイッチ

· 샌드위치 있어요? ——— 220
· 샌드위치 뭐 있어요? ——— 220
· 빵 종류는 어떤 걸로 드릴까요? ——— 220
· 그냥 밀가루 빵이요. ——— 220
· 호밀 빵이요. ——— 220
· 여기엔 뭐 들어 있어요? ——— 220
· 양파 빼 주세요. ——— 221
· 야채 추가요. ——— 221
· 치즈 추가요. ——— 221
· 데워주세요. ——— 221

샐러드 / サラダ

· 샐러드도 있어요? ——— 199
· 샐러드 종류가 어떻게 되나요? ——— 200
· 샐러드 대신 수프로 주세요. ——— 200
· 그냥 기본 샐러드 주세요. ——— 200
· 샐러드 드레싱은 뭐가 있어요? ——— 200
· 샐러드 드레싱은 따로 주세요. ——— 200
· 제 샐러드 아직 안 나왔어요. ——— 200

선물 (공항) / プレゼント

· 이건 선물할 거예요. ——— 082
· 이건 선물 받은 거예요. ——— 082
· 선물로 산 거예요. ——— 082

선물 (쇼핑) / プレゼント

· 선물로 주려고요. ——— 274
· 선물 포장해 주세요. ——— 274
· 선물로 뭐가 좋은가요? ——— 275
· 이거 선물로 어때요? ——— 275

선물 가게 / ギフトショップ

· 선물 가게 어디 있어요? ——— 248
· 선물 가게 멀어요? ——— 249
· 기념품 사려고요. ——— 249

설명 / 説明

· 이거 설명해 주세요. ——— 245
· 설명해 주시는 분 있어요? ——— 245
· 한국어로 된 설명도 있어요? ——— 246

세관신고서 / 税関申告書

· 세관신고서 작성 좀 도와줘요. ——— 060
· 세관신고서 한 장 더 줘요. ——— 060

세워주세요 / 止めてください

· 여기서 세워주세요. ——— 120
· 횡단보도에서 세워주세요. ——— 120
· 모퉁이 돌아서 세워주세요. ——— 120
· 한 구역 더 가서 세워주세요. ——— 120

세일 / セール

· 이거 세일해요? ——— 276
· 이거 세일 금액이에요? ——— 276
· 이건 세일 품목이 아닙니다. ——— 276

세탁 / 洗濯

· 세탁 서비스 신청할게요. ——— 174
· 세탁 서비스 언제 와요? ——— 175
· 세탁물이 망가졌어요. ——— 175

세트 / セット

· 5번 세트 주세요. ——— 210
· 세트 가격이에요? ——— 210

셔츠 / Yシャツ

· 셔츠 보려고요. ——— 268
· 줄무늬 셔츠 볼게요. ——— 268
· 땡땡이 셔츠 볼게요. ——— 268
· 남자 셔츠예요? ——— 268
· 여자 셔츠예요? ——— 268
· 이것보다 긴 셔츠 있어요? ——— 269
· 넥타이도 볼 거예요. ——— 269

셔틀버스 / シャトルバス

· 셔틀버스 어디서 타요? ——— 086
· 셔틀버스 몇 시에 출발해요? ——— 086
· 이 셔틀버스 시내 가요? ——— 086
· 셔틀버스 얼마예요? ——— 086

소매치기야 / すり犯です

· 소매치기 당했어요! ——— 109
· 도둑이야! 잡아주세요! ——— 109

소스 / ソース

· 소스는 따로 주세요. ——— 202
· 소스 많이 주세요. ——— 203
· 소스 더 주세요. ——— 203
· 다른 소스 있어요? ——— 203
· 소스는 뭐뭐 있어요? ——— 203
· 그냥 케첩 주세요. ——— 203
· 머스타드 소스 주세요. ——— 203
· 칠리 소스 주세요. ——— 203
· 바비큐 소스 주세요. ——— 203

수건 / タオル

· 수건 더 주세요. ——— 166
· 수건 없어요. ——— 166
· 수건 더러워요. ——— 167
· 수건 깨끗한 걸로 주세요. ——— 167
· 큰 수건으로 주세요. ——— 167

수프 / スープ

· 수프는 어떤 게 있죠? ——— 199
· 오늘의 수프는 뭐예요? ——— 199
· 수프가 너무 뜨거워요. ——— 199
· 수프가 너무 차가워요. ——— 199
· 수프 대신 샐러드 주세요. ——— 199

수하물 찾는 곳 / 手荷物受取書

· 수하물 어디서 찾아요? ——— 080
· 수하물 찾는 곳이 어디예요? ——— 080
· 수하물 찾는 곳으로 데려가 주세요. ——— 080

숟가락 / スプーン

· 숟가락 주세요. ——— 204
· 숟가락 떨어뜨렸어요. ——— 204
· 숟가락에 뭐가 묻어있어요. ——— 204
· 숟가락 하나 더 주세요. ——— 204
· 다른 숟가락으로 주세요. ——— 204

스크린 / スクリーン

· 제 화면 한번 봐 주실래요? ——— 053
· 화면이 안 나와요. ——— 053
· 화면이 멈췄어요. ——— 053
· 화면이 너무 밝아요. ——— 053

슬리퍼 / スリッパ

· 슬리퍼 있어요? ——— 059
· 이 슬리퍼 좀 불편해요. ——— 059

승강장 / のりば

· 1번 승강장 어디예요? ——— 143
· 승강장을 못 찾겠어요. ——— 143
· 승강장으로 데려가 주세요. ——— 143

시간표 (전철&기차) / 時間表 ^{じかんひょう}

· 시간표 어디서 봐요? ——————— 142

· 시간표 보여주세요. ——————— 142

· 다음 열차는 몇시에 와요? ——————— 142

· 시간표 보는 것 좀 도와줘요. ——————— 143

시간표 (관광) / 時間表 ^{じかんひょう}

· 시간표 어디서 봐요? ——————— 244

· 이 공연 시간표가 어떻게 되나요? ——— 244

· 언제 시작하나요? ——————— 244

시계 / 時計 ^{とけい}

· 손목시계 보려고요. ——————— 279

· 여자 시계로요. ——————— 279

· 남자 시계로요. ——————— 279

· 어린이 시계로요. ——————— 279

시럽 / シロップ

· 시럽 넣어 드려요? ——————— 216

· 시럽 빼주세요. ——————— 216

· 시럽 어디 있어요? ——————— 216

· 시럽 조금만 넣어주세요. ——————— 217

· 바닐라 시럽 넣어주세요. ——————— 217

· 헤이즐넛 시럽 넣어주세요. ——————— 217

시티투어 / シティーツアー

· 시티 투어 하고 싶어요. ——————— 247

· 시티 투어 예약할게요. ——————— 248

· 시티 투어 자리 있어요? ——————— 248

· 저 혼자 할 거예요. ——————— 248

식사 / 食事 ^{しょくじ}

· 식사가 언제인가요? ——————— 057

· 메뉴가 뭔가요? ——————— 058

· 식사 나중에 할게요. ——————— 058

· 지금 식사 할게요. ——————— 058

· 남아있는 메뉴로 괜찮아요. ——————— 058

신고 / 申告 ^{しんこく}

· 신고할 물건 없어요. ——————— 081

· 신고할 물건 있어요. ——————— 082

· 신고하려면 어디로 가죠? ——————— 082

신문 / 新聞 ^{しんぶん}

· 신문 좀 갖다 주세요. ——————— 055

· 한국 신문 있어요? ——————— 056

· 스포츠 신문 있어요? ——————— 056

신용 카드 (택시&버스) / クレジットカード

· 신용카드 되나요? ——————— 121

· 현금 있어요. ——————— 121

· 현금 없어요. ——————— 121

신용 카드 (호텔) / クレジットカード

· 신용카드 되나요? ——————— 164

· 신용카드가 안 긁혀요 ——————— 164

· 다른 신용카드 없어요. ——————— 164

· 한 번 더 긁어봐 주세요. ——————— 165

· 현금 없어요. ——————— 165

· 현금으로 할게요. ——————— 165

· 일시불로 해 주세요. ——————— 165

· 할부로 해 주세요. ——————— 165

신칸센 / 新幹線 ^{しんかんせん}

· 신칸센은 어디서 타나요? ——————— 137

· 여기서 신칸센을 탈 수 있나요? ——————— 137

· 여기에서 신칸센 승강장까지 먼가요? — 137

· 신칸센 승강장까지 안내해 주실래요? — 137

아파요 (기내) / 痛いです ^{いた}

· 아파요. ——————— 063

아파요 (호텔) / 痛いです ^{いた}

· 속이 안 좋아요. ——————— 184

· 배가 아파요. —————— 184
· 머리가 아파요. —————— 185
· 팔이 부러졌어요. —————— 185
· 다리가 부러졌어요. —————— 185

안 나와요 / 出てきません

· 엘리베이터가 안 와요. —————— 183
· 식사가 안 나왔는데요. —————— 183
· 룸 서비스가 안 왔는데요. —————— 183
· 세탁 서비스가 안 와요. —————— 183
· 물이 안 나와요. —————— 184
· 케이블이 안 나와요. —————— 184

안 나왔는데요 / まだ出ていません

· 메뉴 안 나왔는데요. —————— 228
· 수프 안 나왔어요. —————— 228
· 샐러드 안 나왔어요. —————— 228
· 에피타이저 안 나왔어요. —————— 228
· 음료가 안 나왔어요. —————— 228
· 디저트가 안 나왔어요. —————— 228
· 메인이 먼저 나왔네요. —————— 229

안 맞아요 / 合いません

· 이거 안 맞아요. —————— 285
· 다른 걸로 주세요. —————— 285

안 열려요 / 開きません

· 문이 안 열려요. —————— 181
· 화장실 문이 안 열려요. —————— 181
· 금고가 안 열려요. —————— 182
· 커튼이 안 열려요. —————— 182

안내소 / 案内所

· 안내소가 어디예요? —————— 242
· 안내소가 여기서 멀어요? —————— 242
· 가까운 안내소는 어디예요? —————— 242
· 여기서 걸어갈 수 있나요? —————— 242

안대 / アイマスク

· 안대 있어요? —————— 058
· 이 안대 불편해요. —————— 058
· 다른 안대 갖다 주세요. —————— 058

안전벨트 / シートベルト

· 안전벨트를 매세요. —————— 051
· 안전벨트가 없어요. —————— 051
· 안전벨트가 헐렁해요. —————— 051
· 안전벨트가 타이트해요. —————— 051

약국 / 薬局

· 약국 어디예요? —————— 089
· 아스피린 있어요? —————— 089
· 생리통 약 있어요? —————— 089

어디로 가주세요 / ～までお願いします

· 여기로 가주세요. —————— 116
· 이 주소로 가주세요. —————— 116
· 이 호텔로 가주세요. —————— 117
· 이 박물관으로 가주세요. —————— 117
· 이 미술관으로 가주세요. —————— 117
· 공원으로 가주세요. —————— 117
· 시내로 가주세요. —————— 117
· 공항으로 가주세요. —————— 117

어디 행 버스 / ～行きバス

· 이거 공항 가는 버스예요? —————— 122
· 이거 ○○역 가는 버스예요? —————— 122

어디 있어요? / どこにありますか

· 여기 어딨어요? —————— 096
· 이 레스토랑 어딨어요? —————— 096
· 이 백화점 어딨어요? —————— 096
· 박물관 어딨어요? —————— 096
· 미술관 어딨어요? —————— 096
· 버스 정류장 어딨어요? —————— 096
· 지하철역 어딨어요? —————— 096

· 택시 정류장 어딨어요? ——————— 096

어떻게 가요? / どうやって行きますか
· 여기 어떻게 가요? ——————————— 097
· 저기 어떻게 가요? ——————————— 097
· 이 주소로 어떻게 가요? ——————— 097
· 이 건물 어떻게 가요? ———————— 097
· 이 레스토랑 어떻게 가요? ————— 097
· 이 박물관 어떻게 가요? —————— 097
· 버스 정류장 어떻게 가요? ————— 098
· 지하철역 어떻게 가요? —————— 098
· 택시 정류장 어떻게 가요? ———— 098

어지러움 / 目まい
· 어지러워요. ———————————————— 063

얼마 / いくら
· 1박에 얼마예요? —————————— 160
· 2박에 얼마예요? —————————— 161
· 할인 받을 수 있어요? —————— 161
· 조식 포함하면 얼마예요? ———— 161
· 업그레이드 하면 얼마예요? ——— 161

얼마나 걸려요? / どのくらいかかりますか
· 여기서 얼마나 걸려요? —————— 105
· 걸어서 얼마나 걸려요? —————— 105
· 버스로 얼마나 걸려요? —————— 105
· 지하철로 얼마나 걸려요? ———— 105
· 택시로 얼마나 걸려요? —————— 105

얼음 (호텔) / 氷
· 얼음 있나요? ————————————— 175
· 얼음이 없어요. ——————————— 175
· 얼음 어디서 가져와요? ————— 175
· 얼음 좀 갖다 주세요. —————— 175

얼음 (식당) / 氷
· 얼음 많이 주세요. ———————— 213

· 얼음 조금만 주세요. ——————— 213
· 얼음 너무 많아요. ————————— 214
· 얼음 빼고 주세요. ————————— 214

에피타이저 / 前菜
· 에피타이저는 어떤 걸로 하실래요? —— 198
· 에피타이저가 비싸네요. ————— 198
· 에피타이저 추천해 주실래요? ——— 198
· 에피타이저 가벼운 걸로 추천해
  주실래요? ———————————————— 199

엘리베이터 / エレベーター
· 엘리베이터 어디 있어요? ————— 161
· 엘리베이터가 안 열려요. ————— 161
· 로비 가려고요. ——————————— 161

여권 / パスポート
· 여권 준비해 주세요 ——————— 077
· 여권 보여주세요. ————————— 078

여기 가는표 / ここに行くチケット
· 여기 가는 표 한 장이요. ————— 142
· 신주쿠역으로 가는 표 한 장이요. —— 142
· 여기 가는 표 얼마예요? ————— 142

여기묵을 거예요 / ここに泊まります
· 호텔에 묵을 거예요. ——————— 078
· 게스트 하우스에 묵을 거예요. —— 078
· 료칸에 묵을 거예요. ——————— 079
· 친척 집에 묵을 거예요. ————— 079
· 친구집에 묵을 거예요. ————— 079

여행 안내소 / 旅行案内所
· 여행안내소 어디예요? —————— 084
· 여행안내소로 데려다 주세요. —— 084
· 지도 좀 주세요. —————————— 084
· 한국어 지도 있어요? —————— 084

역 / 駅

· ○○역은 어디예요? ───── 136
· ○○역은 어떻게 가요? ───── 136
· 여기가 ○○역이에요? ───── 136
· ○○역은 여기서 멀어요? ───── 136
· ○○역으로 데려다 주세요. ───── 136
· 이 근처에 전철/지하철역이 있나요? ───── 136

연착 (공항) / 遅延
· 제 비행기 연착됐어요? ───── 073
· 왜 연착됐어요? ───── 073
· 언제까지 기다려요? ───── 073

연착 (귀국) / 遅れ
· 비행기가 연착되었습니다. ───── 292
· 얼마나 기다려요? ───── 292
· 다른 비행기로 바꿀 수 있어요? ───── 292

영수증 / レシート
· 영수증 드릴까요? ───── 276
· 영수증 주세요. ───── 276
· 영수증 안 주셨어요. ───── 276
· 영수증 필요해요. ───── 276

영업시간 / 営業時間
· 영업시간이 언제예요? ───── 244
· 언제 열어요? ───── 244
· 언제 닫아요? ───── 244

예매권 / 前売り券
· 티켓 예매하려고요. ───── 249
· 예매하면 할인되나요? ───── 250
· 예매 안 했어요. ───── 250

예약 (호텔) / 予約
· 예약했어요. ───── 157
· 예약 안 했어요. ───── 157
· 이 사이트로 예약했는데요. ───── 157
· 예약 제 이름 이시원으로 했어요. ───── 157

예약 (식당) / 予約
· 예약했어요. ───── 194
· 예약 안 했어요. ───── 194
· 2명으로 예약했어요. ───── 194
· 이시원으로 예약했어요. ───── 194

오른쪽 / 右
· 오른쪽으로 가요. ───── 100
· 오른쪽 모퉁이를 돌아요. ───── 101
· 오른쪽으로 계속 가요. ───── 101
· 오른쪽 건물이에요. ───── 101

와이파이 / Wi-fi
· 여기 와이파이 되나요? ───── 222
· 와이파이 비밀번호 뭐예요? ───── 222

왕복 / 往復
· 왕복으로 한 장이요. ───── 140
· 왕복으로 달라고 했어요. ───── 141
· 이거 왕복 표 아닌데요. ───── 141
· 이거 왕복 표 맞아요? ───── 141
· 이거 왕복으로 바꿀 수 있어요? ───── 141

외국인 / 外国人
· 이게 외국인 줄인가요? ───── 076

왼쪽 / 左
· 왼쪽으로 가요. ───── 101
· 왼쪽 모퉁이를 돌아요. ───── 101
· 왼쪽으로 계속 가요. ───── 101
· 왼쪽 건물이에요. ───── 101

요금 (택시&버스) / 料金
· 요금이 얼마예요? ───── 118
· 요금 얼마 드려야 되죠? ───── 118
· 잔돈이 없어요. ───── 119
· 카드로 할게요. ───── 119
· 현금으로 할게요. ───── 119

요금 (전철&기차) / 料金
りょうきん

· 요금 얼마예요? ——————— 139
· 신용카드 되나요? ——————— 139
· 현금 없어요. ——————— 139
· 여행자 수표 되나요? ——————— 139

요금 (호텔) / 料金
りょうきん

· 이 요금은 뭐죠? ——————— 178
· 요금이 더 나온 거 같은데요. ——— 178
· 요금 합계가 틀렸어요. ——————— 178

요청 / 要請
ようせい

· 기내식을 채식으로 요청하려고요. ——— 292
· 어린이 기내식 요청하려고요. ——— 292
· 미리 요청은 안 했어요. ——————— 292
· 지금 요청이 불가능해요? ——————— 292

욕조 / 浴槽
よくそう

· 욕조가 더러워요. ——————— 169
· 욕조 닦아주세요. ——————— 169
· 욕조의 물이 안 빠져요. ——————— 169

우유 / 牛乳
ぎゅうにゅう

· 우유 많이 넣어주세요. ——————— 216
· 우유 어떤 걸로 넣어드릴까요? ——— 216
· 무지방 우유로 넣어주세요. ——— 216
· 저지방 우유로 넣어주세요. ——— 216
· 두유로 넣어주세요. ——————— 216

으슬으슬 / 寒気
さむけ

· 으슬으슬해요. ——————— 063

음료 / ドリンク

· 음료는 어떤 게 있어요? ——————— 207
· 그냥 물 주세요. ——————— 207
· 탄산수 주세요. ——————— 207
· 콜라 주세요. ——————— 207
· 사이다 주세요. ——————— 207

· 진저에일 주세요. ——————— 207
· 맥주 주세요. ——————— 207
· 와인 한 잔 주세요. ——————— 207
· 아이스 티 주세요. ——————— 208
· 얼음 많이 주세요. ——————— 208
· 리필 되나요? ——————— 208

응급차 / 救急車
きゅうきゅうしゃ

· 응급차 불러주세요. ——————— 185

이 근처에 ~ 있나요? / この辺りに～
はありますか
あた

· 이 주변에 카페가 있나요? ——————— 106
· 이 주변에 편의점이 있나요? ——— 106
· 이 주변에 백화점이 있나요? ——— 106
· 이 주변에 레스토랑이 있나요? ——— 106
· 이 주변에 은행이 있나요? ——————— 106
· 이 주변에 약국이 있나요? ——————— 106
· 이 주변에 역이 있나요? ——————— 106

이거 / これ

· 이거 뭐예요? ——————— 050
· 이거 가져다 주세요. ——————— 050
· 이거 안 돼요. ——————— 050
· 이거 치워 주세요. ——————— 051
· 이거 바꿔 주세요. ——————— 051
· 이거로 할게요. ——————— 051

이거 빼주세요 / これ、抜いてください
ぬ

· 양파 빼주세요. ——————— 229
· 토마토 빼주세요. ——————— 229
· 양상추 빼주세요. ——————— 229
· 올리브 빼주세요. ——————— 230
· 계피가루 빼주세요. ——————— 230
· 치즈 빼주세요. ——————— 230
· 시럽 빼주세요. ——————— 230

이거 안 시켰어요 / これ、頼んでません
たの

· 이 메뉴 안 시켰어요. ——————— 229
· 이거 먹은 적 없어요. ——————— 229

이거 있어요? / これ、ありますか
· 다른 거 있어요? ——————————— 277
· 색깔 다른 거 있어요? ——————— 277
· 큰 거 있어요? ——————————— 277
· 작은 거 있어요? ————————— 277
· 진열 안 되어 있던 거 있어요? ——— 277

이미 / もう
· 이미 포장을 뜯긴 했어요. ————— 284
· 근데 안 썼어요. ——————————— 284
· 다시 한번 확인하세요. ——————— 284

인터넷 (공항) / インターネット
· 인터넷 쓸 수 있는 데 있어요? ——— 089
· 와이파이 터지는 데 있어요? ——— 089

인터넷 (호텔) / インターネット
· 인터넷 안 돼요. ——————————— 170
· 인터넷 할 수 있는 데 어디예요? ——— 171
· 랜선이 없어요. ——————————— 171
· 와이파이가 안 터져요. ——————— 171
· 와이파이 터지는 데 어디예요? ——— 171
· 컴퓨터 쓸 수 있는 데 어디예요? —— 171

~일 동안 있을 거예요 / ~間、滞在します
· 3일 동안 있을 거예요. ——————— 079
· 1주일 동안 있을 거예요. ————— 079
· 2주일 동안 있을 거예요. ————— 079
· 한 달 동안 있을 거예요. ————— 079

일등석 / いちばんいい席
· 1등석으로 주세요. ———————— 147
· 1등석은 얼마예요? ———————— 147

일반석 / 普通席
· 일반석으로 주세요. ———————— 147
· 일반석 남았어요? ————————— 147
· 일반석은 얼마예요? ———————— 147

일일 승차권 / 一日乗車券
· 일일 승차권 주세요. ——————— 141
· 일일 승차권 얼마예요? ——————— 141
· 일일 승차권은 어떻게 써요? ——— 141

일정 / 日程
· 이 공연 스케줄은 언제예요? ——— 246
· 자세한 스케줄은 어디서 봐요? ——— 246
· 이 스케줄이 맞아요? ——————— 246

잃어버렸어요 (호텔) / なくしてしまいました
· 방 키를 잃어버렸어요. ——————— 182
· 쿠폰을 잃어버렸어요. ——————— 182
· 여권을 잃어버렸어요. ——————— 182
· 전화기를 잃어버렸어요. ————— 183
· 노트북을 잃어버렸어요. ————— 183
· 신발을 잃어버렸어요. ——————— 183
· 귀중품을 잃어버렸어요. ————— 183

잃어버렸어요 (관광) / なくしてしまいました
· 티켓 잃어버렸어요. ———————— 257
· 가방 잃어버렸어요. ———————— 257
· 휴대폰 잃어버렸어요. ——————— 257
· 친구 잃어버렸어요. ———————— 257
· 가이드를 잃어버렸어요. ————— 257
· 여권을 잃어버렸어요. ——————— 259
· 신분증을 잃어버렸어요. ————— 259
· 지갑을 잃어버렸어요. ——————— 259

잃어버렸어요 (귀국) / なくしてしまいました
· 제 항공권을 잃어버렸어요. ———— 297
· 제 여권을 잃어버렸어요. ————— 297
· 제 수하물표를 잃어버렸어요. ——— 297

입구 / 入り口

- 입구가 어디예요? ——————— 240
- 입구가 안 보여요. ——————— 240
- 이 방향이 입구예요? ——————— 240

입국신고서 / 入国申告書

- 입국신고서 작성 좀 도와줘요. ——————— 059
- 입국신고서 한 장 더 줘요. ——————— 060

입어볼게요, 신어볼게요 / 試着します, 履いてみます

- 이거 입어볼게요. ——————— 270
- 이거 신어볼게요. ——————— 270
- 다른 거 입어볼게요. ——————— 270
- 다른 사이즈 신어볼게요. ——————— 270

입장료 / 入場料

- 입장료가 얼마죠? ——————— 241
- 어린이 입장료는 얼마죠? ——————— 241
- 어른 입장료는 얼마죠? ——————— 241
- 어른 2장 주세요. ——————— 241

ㅈ

자리 / 席

- 자리 있어요? ——————— 146
- 여기 앉아도 되나요? ——————— 146
- 가방 좀 치워 주실래요? ——————— 146

자막 / 字幕

- 자막 있어요? ——————— 252
- 한국어 자막 있어요? ——————— 252
- 영어 자막 나와요? ——————— 252

잔돈 / おつり

- 잔돈이 부족해요. ——————— 120
- 잔돈은 됐어요. ——————— 121
- 동전으로 주세요. ——————— 121

저돈 없어요 / お金がありません

- 저 돈 없어요. ——————— 109
- 진짜예요. ——————— 109
- 소리 지를 거예요! ——————— 109

전망 / 景色

- 바다 경치가 보이는 방으로 주세요. ——— 159
- 도심의 경치가 보이는 방으로 주세요. — 159
- 전망 좋은 데로 줘요. ——————— 159
- 전망이 별로예요. ——————— 160

전통적인 것 / 伝統的なもの

- 전통적인 물건 있어요? ——————— 272
- 전통적인 음식 있어요? ——————— 272
- 여기서 선물하기 좋은 게 뭐예요? ——— 272

전화 / 電話

- 전화할 수 있는데 어디예요? ——————— 089

점원 / 店員

- 여기요! ——————— 196
- 점원을 불러줘요. ——————— 196
- 매니저를 불러줘요. ——————— 196
- 매니저랑 얘기할래요. ——————— 196

정거장 / 停留所

- 몇 정거장 가야 돼요? ——————— 125
- 앞으로 3정거장입니다. ——————— 125
- 이번 정거장에서 내리나요? ——————— 125
- 제가 내릴 정거장이에요? ——————— 125

제 거예요 / 私のです

- 이 가방 제 거예요. ——————— 081
- 이 카트 제 거예요. ——————— 081

제일 가까운 / いちばん近い

- 제일 가까운 호텔이 어디죠? ——————— 087
- 제일 가까운 레스토랑이 어디죠? ——— 087

· 제일 가까운 카페가 어디죠? ———— 087
· 제일 가까운 전철역이 어디죠? ———— 087

제한 / 制限
せいげん

· 중량 제한이 얼마예요? ———————— 294
· 기내 중량 제한은요? ———————— 294

조식 / 朝食
ちょうしょく

· 조식은 어디서 먹어요? ———————— 160
· 조식은 몇 시예요? ————————— 160
· 조식으로 뭐가 있죠? ———————— 160
· 조식 몇 시까지예요? ———————— 160
· 조식 추가할 수 있나요? ————————— 160

조용히 해주세요 / 静かにしてください
しず

· 조용히 좀 해줘요. ———————— 258

좌석 (기내) / 席
せき

· 여기는 제 자리 인데요. ———————— 050
· 제 자린 어딘가요? ————————— 050
· (옆 사람에게)자리를
  바꿔 주실 수 있나요? ———————— 050
· 제 자리 차지 마세요. ———————— 050

좌석 (관광) / 座席
ざせき

· 앞 좌석으로 주세요. ———————— 251
· 뒷좌석으로 주세요. ———————— 251
· 중간 좌석으로 주세요. ———————— 251
· 좋은 자리로 주세요. ———————— 251

주류 / お酒
さけ

· 주류는 어디서 사요? ———————— 281
· 위스키 보여주세요. ———————— 281
· 발렌타인 보여주세요. ———————— 281
· 잭다니엘 보여주세요. ———————— 281
· 와인 보여주세요. ———————— 281
· 제가 몇 병 살 수 있어요? ———————— 281

주문 / 注文
ちゅうもん

· 주문할게요. ———————— 196
· 주문 하시겠어요? ———————— 196
· 주문했는데요. ———————— 196
· 주문 오래 전에 했어요. ———————— 197

주소 (거리) / 住所
じゅうしょ

· 이 주소 어디예요? ———————— 099
· 이 주소 어떻게 가요? ———————— 100
· 이 주소 아세요? ———————— 100
· 이 주소로 데려다 주세요. ———————— 100

주소 (택시&버스) / 住所
じゅうしょ

· 이 주소로 가주세요. ———————— 117
· 이 주소 어딘지 아세요? ———————— 117
· 이 주소가 이상해요. ———————— 118
· 이 주소에서 가까운 데로 가주세요. —— 118

주연 배우 / 主演俳優
しゅえんはいゆう

· 주연배우가 누구예요? ———————— 253
· 주연배우를 만날 수 있어요? ———————— 253
· 주연배우가 유명해요? ———————— 253

지도 (거리) / 地図
ちず

· 이 지도가 맞아요? ———————— 100
· 지도의 여기가 어디예요? ———————— 100
· 지금 제가 있는 곳이 어디인가요? —— 100

지도 (관광) / 地図
ちず

· 지도 있어요? ———————— 248
· 시티투어 지도 있어요? ———————— 248
· 지도 좀 같이 봐요. ———————— 248

지문 / 指紋
しもん

· 양손 검지손가락을 올려주세요. ———— 077

지불 / 支払い
しはら

· 지불은 어떻게 하시겠어요? ———————— 275
· 신용카드 되나요? ———————— 275

· 현금으로 할게요. ——————— 275
· 면제되나요? ——————— 275

지역 / 地域
ちいき

· 이 지역에서 유명한 게 뭐예요? ——— 272
· 지역 특산품 있어요? ——————— 272
· 여기서 선물하기 좋은 것 있어요? ——— 272

짐 / 荷物
にもつ

· 짐 맡길 수 있어요? ——————— 163
· 짐 방까지 옮겨줄 수 있어요? ——————— 163
· 이거 제 짐이 아니에요. ——————— 164
· 제 짐이 없어졌어요. ——————— 164
· 제 짐 찾아주세요. ——————— 164
· 체크인 하기 전에 짐 맡아 주세요. —— 164

大

차가운 / アイス

· 아이스 아메리카노 한 잔이요. ——— 215
· 아이스 라떼 한 잔이요. ——————— 215
· 얼음물 주세요. ——————— 215
· 그냥 물 주세요. ——————— 215

창문 / 窓
まど

· 창문 좀 열어도 되죠? ——————— 127
· 창문이 안 열려요. ——————— 127
· 창문에 목이 끼었어요. ——————— 127
· 창문 좀 닫아주실래요? ——————— 129
· 창문 열어도 되나요? ——————— 129
· 창문을 닫을 수가 없어요. ——————— 129
· 창문을 열 수가 없어요. ——————— 129

찾아야 해요 / 探さないといけません
さが

· 티켓 찾아야 해요. ——————— 257
· 자리 찾아야 해요. ——————— 257
· 친구 찾아야 해요. ——————— 258
· 가이드 찾아야 해요. ——————— 258

· 집합장소 찾아야 해요. ——————— 258

찾아요 / 探しています
さが

· 저 여기 찾아요. ——————— 099
· 이 주소 찾아요. ——————— 099
· 레스토랑 찾아요. ——————— 099
· 버스 정류장 찾아요. ——————— 099
· 택시 정류장 찾아요. ——————— 099
· 지하철역 찾아요. ——————— 099

청바지 / ジーンズ

· 청바지 보려고요. ——————— 267
· 와이드 청바지 있어요? ——————— 267
· 일자 청바지 있어요? ——————— 267
· 트레이닝 바지 있어요? ——————— 267
· 반바지 있어요? ——————— 267

청소 / 掃除
そうじ

· 청소해 주세요. ——————— 172
· 청소가 안 되어 있어요. ——————— 172
· 청소 안 해주셔도 됩니다. ——————— 172
· 오후에 청소 해주세요. ——————— 172
· 화장실 청소가 안 되어 있어요. ——— 172
· 쓰레기통이 안 비워져 있어요. ——— 172

체크아웃 / チェックアウト

· 체크아웃 할게요. ——————— 176
· 체크아웃 몇 시예요? ——————— 176
· 하루 더 연장할게요. ——————— 176
· 체크아웃 좀 있다 할게요. ——————— 176

체크인 / チェックイン

· 체크인 하려고요. ——————— 158
· 체크인 어디서 해요? ——————— 158
· 체크인 몇 시에 하나요? ——————— 158
· 체크인 하기 전에 짐 맡아 주세요. —— 158

추가 (호텔) / 追加
ついか

· 추가 요금이 붙었는데요. ——— 177
· 어떤 게 추가된 거예요? ——— 177
· 이 추가 요금 설명해주세요. ——— 177

추가 (식당) / 追加
· 에스프레소 샷 추가 해주세요. ——— 218
· 휘핑 크림 추가해주세요. ——— 218
· 시럽 추가해주세요. ——— 219
· 라떼 거품 많이요. ——— 219
· 우유 많이요. ——— 219
· 계피 가루 많이요. ——— 219

추천 (식당) / おすすめ
· 추천해 줄 메뉴라도? ——— 198
· 메뉴 추천해주실래요? ——— 198
· 이 둘 중에 뭘 추천해요? ——— 198
· 와인 추천해주세요. ——— 198

추천 (관광) / おすすめ
· 추천할 만한 명소 있어요? ——— 241
· 제일 추천하는 건 뭐예요? ——— 241
· 추천하는 코스가 있나요? ——— 242

추천 (쇼핑) / おすすめ
· 추천할 만한 옷 있어요? ——— 273
· 추천할 만한 선물 있어요? ——— 273
· 부모님 선물 추천해 주세요. ——— 274
· 남자친구 선물 추천해 주세요. ——— 274
· 이 신발이랑 어울릴만한 걸로 추천
  해주세요. ——— 274
· 이 옷이랑 어울릴만한 걸로 추천
  해주세요. ——— 274

출구 (공항) / 出口
· 출구 어디예요? ——— 083
· 출구는 어느 쪽이에요? ——— 083
· 출구를 못 찾겠어요. ——— 083
· 출구로 안내해 주세요. ——— 083

출구 (관광) / 出口
· 출구가 어디죠? ——— 240
· 출구가 안 보여요. ——— 240
· 이 방향이 출구예요? ——— 240

출발 / 出発
· 출발이 언제예요? ——— 246
· 출발을 조금 늦춰줄 수는 없습니까? ——— 246
· 출발 시간이 너무 빠릅니다. ——— 247

출입국 관리소 / 入国管理局
· 출입국 관리소 어디로 가요? ——— 076
· 입국심사대 어디로 가요? ——— 076

치마 / スカート
· 치마 보려고요. ——— 269
· 긴 치마 있어요? ——— 269
· 짧은 치마 있어요? ——— 269
· 드레스 있어요? ——— 269

침대 / ベッド
· 싱글 침대로 주세요. ——— 158
· 더블 침대로 주세요. ——— 158
· 트윈 침대로 주세요. ——— 159
· 트윈 침대를 하나로 붙여줘요. ——— 159
· 제일 큰 침대 주세요. ——— 159
· 제일 큰 침대 있는 방은 얼마예요? ——— 159

칫솔 / 歯ブラシ
· 칫솔 없어요. ——— 167
· 칫솔 주세요. ——— 167
· 칫솔 하나 더 주세요. ——— 167
· 치약 주세요. ——— 167
· 어린이용 칫솔 주세요. ——— 167
· 어린이용 치약 있어요? ——— 168
· 부드러운 칫솔 없나요? ——— 168
· 치실 있어요? ——— 168

ㅋ

카트 / カート

· 카트 어딨어요? ——————— 080
· 카트 무료예요? ——————— 080
· 카트 고장났나봐요. ——————— 080
· 카트가 없는데요. ——————— 080

케이크 / ケーキ

· 케이크 종류 뭐 있어요? ——————— 219
· 이 케이크는 얼마예요? ——————— 219
· 한 조각 주세요. ——————— 219
· 초콜릿 케이크 주세요. ——————— 219
· 치즈 케이크 주세요. ——————— 220
· 딸기 케이크 주세요. ——————— 220
· 몽블랑 케이크 주세요. ——————— 220

콜라 / コーラ

· 콜라 주세요. ——————— 212
· 다이어트 콜라로 주세요. ——————— 212

ㅌ

탑승 / 搭乗 (とうじょう)

· 탑승 언제 해요? ——————— 072
· 탑승하려면 얼마나 기다려요? ——————— 072

택시 (공항) / タクシー

· 택시 어디서 탈 수 있어요? ——————— 085
· 택시 타는 데 데려다 주세요. ——————— 085
· 택시 타면 비싼가요? ——————— 085
· 택시로 가려고요. ——————— 085
· 택시 대신 뭐 탈 수 있어요? ——————— 086

택시 (호텔) / タクシー

· 택시 좀 불러주세요. ——————— 178
· 택시 비싼가요? ——————— 178

· 택시로 어디 가시게요? ——————— 178

택시정류장 / タクシー乗り場 (のば)

· 택시정류장 어디예요? ——————— 116
· 택시정류장이 가까워요? ——————— 116
· 택시 어디서 탈 수 있어요? ——————— 116
· 택시 정류장 걸어갈 수 있어요? ——————— 116

테이블 / テーブル

· 테이블이 더러워요. ——————— 195
· 테이블 닦아줘요. ——————— 195
· 테이블 흔들거려요. ——————— 195
· 테이블 너무 좁아요. ——————— 195
· 다른 자리로 주세요. ——————— 195
· 창가 자리로 주세요. ——————— 195
· 금연석으로 주세요. ——————— 195
· 흡연석으로 주세요. ——————— 195

텔레비전 / テレビ

· 텔레비전이 안 나와요. ——————— 171
· 케이블이 안 나와요. ——————— 171
· 리모컨이 안 돼요. ——————— 171
· 음량 조절 어떻게 해요? ——————— 172
· 채널 조절이 안 돼요. ——————— 172

통역 / 通訳 (つうやく)

· 통역이 필요해요. ——————— 247
· 한국어 통역 있어요? ——————— 247

통역사 / 通訳士 (つうやくし)

· 한국인 통역사 불러주세요. ——————— 077
· 못 알아 듣겠어요. ——————— 077
· 천천히 말씀해 주세요. ——————— 077
· 다시 한번 말씀해 주세요. ——————— 077

트렁크 / トランク

· 트렁크 열어주세요. ——————— 119
· 트렁크 안 열려요. ——————— 119

· 이거 넣는 것 좀 도와주세요. ———— 119

ㅍ

팸플릿 / パンフレット
· 팸플릿 어디서 구해요? ———— 243
· 팸플릿 하나 주세요. ———— 243
· 한국어 팸플릿 있어요? ———— 243

펜 / ペン
· 펜 좀 빌려줘요. ———— 060
· 펜이 안 나와요. ———— 060
· 다른 펜으로 주세요. ———— 060

편도 / 片道
· 편도로 2장 주세요. ———— 140
· 편도로 달라고 했어요. ———— 140
· 이거 편도 표 아닌데요. ———— 140
· 이거 편도 표 맞아요? ———— 140
· 이거 편도로 바꿀 수 있어요? ———— 140

편의점 / コンビニ
· 편의점 어디었어요? ———— 089

포장 / 包装
· 포장해 주세요. ———— 273
· 포장은 이거 하나만 해주세요. ———— 273
· 포장하는 데 얼마예요? ———— 273
· 제가 포장할게요. ———— 273

포장이요 / 持ち帰ります
· 드시고 가세요? 아니면 포장이세요? —— 213
· 포장이에요. ———— 213
· 감자튀김만 포장해주세요. ———— 213
· 햄버거만 포장해주세요. ———— 213
· 샐러드만 포장해주세요. ———— 213

포장해 주세요 / 持ち帰ります

· 이거 포장해주세요. ———— 229
· 남은 음식 포장해주세요. ———— 229

포크 / フォーク
· 포크 주세요. ———— 205
· 포크 떨어뜨렸어요. ———— 205
· 포크에 뭐가 묻어있어요. ———— 205
· 포크 하나 더 주세요. ———— 205
· 다른 포크로 주세요. ———— 205

표 / 切符
· 표를 잃어버렸어요. ———— 149
· 표 어떻게 넣어요? ———— 149
· 표가 안 나와요. ———— 149
· 표를 잘못 샀어요. ———— 149

피팅룸 / 試着室
· 피팅룸 어디예요? ———— 270
· 피팅룸 못 찾겠어요. ———— 270
· 몇 개 입어볼 수 있어요? ———— 270
· 몇 개까지 입어볼 수 있어요? ———— 270
· 이건 안 입어 봤어요. ———— 271
· 이거 살 거예요. ———— 271

ㅎ

~하러 왔어요 / ~しに来ました
· 휴가 보내러 왔어요. ———— 078
· 출장 때문에 왔어요. ———— 078
· 관광하러 왔어요. ———— 078
· 친구 만나러 왔어요. ———— 078

한국 음식 / 韓国料理
· 이거 한국 음식이에요. ———— 082
· 김이에요. ———— 083
· 미숫가루예요. ———— 083
· 고추장이에요. ———— 083

· 김치예요. ———————— 083
· 이상한 거 아니에요. ———————— 083

할인 (관광) / 割引き

· 할인되요? ———————— 239
· 학생 할인되요? ———————— 239
· 할인된 가격이에요? ———————— 239

할인 (쇼핑) / 割引き

· 할인되요? ———————— 275
· 할인 쿠폰 있어요. ———————— 276

해산물 / シーフード

· 해산물 요리로 할게요. ———————— 201
· 해산물 알레르기가 있어요. ———————— 201
· 해산물 어떤 게 좋아요? ———————— 202

햄버거 / ハンバーガー

· 햄버거 하나 주세요. ———————— 211
· 햄버거로만 두 개요. ———————— 211
· 햄버거 단품은 얼마예요? ———————— 211

향수 / 香水

· 향수 보려고요. ———————— 278
· 이거 시향해 볼게요. ———————— 278
· 달콤한 향 있어요? ———————— 278
· 상큼한 향 있어요? ———————— 278

헤드폰 / ヘッドホン

· 헤드폰 주세요. ———————— 054
· 헤드폰이 안 되는데요. ———————— 055
· 어디다 꽂아요? ———————— 055
· 이거 가져도 돼요? ———————— 055

현금 지급기 / ATM

· 현금지급기 어딨어요? ———————— 089

화장실 (기내) / トイレ

· 화장실이 더러워요. ———————— 052

· 화장실 청소가 안 되었어요. ———————— 052
· 누가 화장실에 있나요? ———————— 052
· 이거 화장실 줄인가요? ———————— 052

화장실 (공항) / トイレ

· 화장실 어디 있어요? ———————— 076
· 화장실 밖으로 나가야 되나요? ———————— 076
· 라운지 안에는 화장실 없어요? ———————— 076

화장실 (식당) / トイレ

· 화장실 어디 있어요? ———————— 222
· 누구 있어요? ———————— 222
· 화장실이 잠겼는데요. ———————— 222
· 화장실 더러워요. ———————— 222
· 화장실에 휴지 없어요. ———————— 222

화장실 (관광) / トイレ

· 화장실 어디 있어요? ———————— 254
· 화장실 밖에 있나요? ———————— 254
· 이 안에는 화장실 없나요? ———————— 254

화장품 / 化粧品

· 화장품 보려고요. ———————— 278
· 화장품 코너 어디예요? ———————— 278
· 블러서 보여주세요. ———————— 278
· 립스틱 보여주세요. ———————— 279
· 파운데이션 보여주세요. ———————— 279
· 마스카라 보여주세요. ———————— 279

확인 / 確認

· 제 비행기 확인하고 싶은데요. ———————— 291
· 제 티켓 확인하고 싶은데요. ———————— 291
· 제 자리 확인하고 싶은데요. ———————— 291

환불 / 返金

· 이거 환불하고 싶어요. ———————— 284
· 영수증 있으세요? ———————— 283
· 왜 환불하시려고 하세요? ———————— 284
· 결제하셨던 카드 있으세요? ———————— 284

· 고장났어요. —————— 284
· 마음에 안 들어요. —————— 284

환승 (귀국) / 乗り継ぎ

· 저 환승 승객인데요. —————— 293
· 환승 라운지 어디예요? —————— 293
· 경유해서 인천으로 가요. —————— 293

환승 (공항) / 乗り継ぎ

· 저 환승 승객인데요. —————— 071
· 환승 라운지 어디예요? —————— 071
· 경유해서 뉴욕으로 가요. —————— 071

환승 (택시&버스) / 乗り換え

· 어디서 환승해요? —————— 124
· 몇 번으로 환승해요? —————— 124

환승 (전철&기차) / 乗り換え

· 환승 하는 데 어디예요? —————— 143
· 환승 여기서 해요? —————— 143
· 여기에 가고 싶은데 환승해야 하나요? — 144
· 환승하려면 여기서 내려요? —————— 144

환전 / 両替

· 환전하는 데 어디예요? —————— 084
· 환전하려고 하는데요. —————— 084
· 환전하는 데 데려다 주세요. —————— 085
· 잔돈으로 주세요. —————— 085

횡단보도 / 横断歩道

· 횡단보도 어디예요? —————— 103
· 횡단보도 멀어요? —————— 104
· 횡단보도 어떻게 가요? —————— 104
· 여기서 건너야 돼요. —————— 104

후드 / フードパーカー

· 후드티 종류 보려고요. —————— 267
· 후드티 어디 있어요? —————— 268
· 후드집업 어디 있어요? —————— 268

휘핑크림 / ホイップクリーム

· 휘핑크림 올려드릴까요? —————— 217
· 휘핑크림 빼주세요. —————— 217
· 휘핑크림 조금만요. —————— 217
· 휘핑크림 많이 주세요. —————— 217

휴식 시간 / 休憩時間

· 휴식시간이 언제예요? —————— 252
· 휴식시간 있어요? —————— 252
· 휴식시간이 몇 분이에요? —————— 252

휴지 (기내) / ティッシュ

· 휴지 좀 주세요. —————— 054
· 휴지 좀 더 주세요. —————— 054

휴지 (식당) / ティッシュ

· 휴지 주세요. —————— 208
· 휴지 더 주세요. —————— 208
· 화장실에 휴지가 없어요. —————— 208
· 물티슈 있어요? —————— 208

흘렸어요 / こぼしました

· 이거 흘렸어요. —————— 230
· 콜라 흘렸어요. —————— 230
· 물을 흘렸어요. —————— 230
· 제 음료 흘렸어요. —————— 230
· 소스를 흘렸어요. —————— 230
· 수프를 흘렸어요. —————— 230
· 여기 좀 닦아주세요. —————— 231

흡연구역 / 喫煙区域

· 흡연구역 어디예요? —————— 089

여권

■ 여권이란

여권은 소지자의 국적과 신분을 증명하고 보호하는 공문서의 일종으로, 1회에 한하여 외국 여행을 할 수 있는 단수 여권과 유효기간 만료일까지 횟수에 제한 없이 외국 여행을 할 수 있는 복수 여권이 있다.

■ 전자 여권이란

전자 여권이란 여권 내에 칩과 안테나를 추가하고 개인 정보 및 바이오인식 정보를 칩에 저장한 기계 판독식 여권을 말한다. 여권의 위 변조 및 여권 도용 방지를 위해 우리 나라는 2008년부터 일반 여권을 전자 여권 형태로 발급하고 있다.

■ 여권 발급

1. 필요한 서류

여권 발급 신청서, 여권용 사진(6개월 이내 촬영한 사진) 2매, 신분증

※여권 사진 규정
- 규격은 가로 3.5cm, 세로 4.5cm, 머리의 길이는 3.2~3.6cm
- 6개월 이내 촬영한 사진이어야 하며, 정면을 응시하며 어깨까지 나와야 한다.
- 뒤의 배경은 흰색이어야 한다.
- 복사한 사진, 포토샵으로 수정된 사진은 사용할 수 없다.
- 모자나 머플러 등의 액세서리는 착용해선 안 되고 안경 착용시 빛 반사에 유의해야 하며 컬러렌즈는 착용 불가하다.
- 얼굴 윤곽이 뚜렷이 드러나야 한다.
- 유아의 경우도 성인 사진 규정과 동일하며, 장난감이나 보호자가 사진에 노출되지 않아야 한다.

2. 발급 수수료

구분	유효기간 및 조건		수수료
복수 여권		10년	53,000원
	5년	만8세 이상~18세 미만	45,000원
		만8세 미만	33,000원
단수 여권	1년 이내		20,000원

3. 접수처

시도구청 여권과에서 주소지와 상관 없이 발급받을 수 있으며 기간은 5~10일 정도 소요된다.

비자

일본은 최대 90일까지 무비자로 체류할 수 있기 때문에, 3개월 이상의 어학연수나 유학을 제외하고는 따로 비자를 발급받을 필요가 없다.

환전하기

■ 환율을 꼼꼼히 살펴보자.

환율은 하루에도 수십 번 바뀌기 때문에 타이밍이 중요하다. 은행들은 환율 변동 흐름을 수시로 파악하고 적정한 환전시점을 포착하는 데 도움을 주는 서비스를 무료로 제공하고 있다.

■ 환전은 주거래 은행에서 하자.

은행마다 우수고객에게 환전수수료를 싸게 해주는 환율 우대제도를 운영하고 있기 때문이다.

■ 인터넷/모바일 환전을 이용하자.

은행 갈 시간도 없고, 공항에서 환전하기에는 환율 우대가 아쉬운 분들은 인터넷이나 모바일로 미리 환전하고, 공항에서 찾을 수 있다. (단, 너무 이른 시간에는 공항 은행 창구가 열리지 않아 찾을 수 없으니, 공항 은행 창구 운영시간을 미리 확인 후에 이용하도록 하자.)

■ 환율 우대율을 체크하자.

환율 우대율은 높을수록 경제적이다(금액과 화폐 종류에 따라 10%부터 최대 90%까지 우대를 받는다).

■ 소액 환전의 경우 환율 우대 비율에 큰 차이가 없다.

이럴 땐 그냥 평소 이용하던 은행 지점을 방문하거나 인터넷 환전을 이용하자.

■ 일본의 화폐단위

동전 : 1엔 / 5엔 / 10엔 / 50엔 / 100엔 / 500엔

지폐 : 1,000엔 / 5,000엔 / 10,000엔

※ 환율에 따라 다르지만, 일본 100엔 ≒ 한국 1,000원 정도라고 생각하면 편하다.

> **(TIP)** 일본은 '현금의 나라'라고 불리며 신용카드 사용이 활성화되지 않은 나라로 알려져 있었지만, 최근 들어 많은 시스템의 도입으로 프랜차이즈 음식점이나 카페에서는 무리 없이 신용카드 사용이 가능해졌다.(라인페이나 카카오페이가 가능한 가게도 있다) 그렇지만 100% 도입되었다고 보기는 어려워 현금이 필요한 경우는 꼭 있으므로 어느 정도의 환전은 필요하다.

■ 일본현지에서 환전이 가능한 곳

- **다이코쿠야(大黒屋)** : 한국의 중고나라와 같은 곳으로 각종 상품, 티켓 등을 사고 파는 가게이다. 이곳에서는 환전도 서비스하고 있는데, ATM 보다는 비교적 저렴하게 환전할 수 있다. 전국구로 점포가 운영되고 있지만, 수가 많지 않아서 사전에 위치를 파악해 두어야 한다.

  환전 가능한 점포 현황 : https://gaika.e-daikoku.com/shop_list/ (사이트 일본어만 가능)

- **공항 내 환전소** (은행 제외) : 일본 공항 내에 있는 전문 환전소에서도 환전이 가능하다. 은행보다는 수수료 우대를 받을 수 있으니, 공항에서 환전을 해야 한다면 은행 외의 전문 환전소에서 환전하는 게 이득이다.

  Travelex 환전소 점포 현황 : http://www.travelex.co.jp/JP/Stores-by-Region-jajp/ (사이트 영어 가능)

- **은행 ATM** : 은행에 따라서 인출 수수료는 다르지만 대체로 비슷한 수준이며, 같은 은행이라면 전국 수수료가 동일하다. 또, 일본전역에서 은행 ATM 사용이 용이하기 때문에 급한 경우에는 은행 ATM을 이용하면 좋다. 브랜드에 따라 사용이 불가한 카드가 있기 때문에 소지한 카드가 사용가능한지 확인하도록 하자.

- **우체국 ATM** : 은행보다는 인출 수수료가 다소 비싸지만, 대부분의 카드 사용이 가능하다. 일본 전국에 우체국 ATM의 설치수는 약 26,400대이다.
- **편의점 ATM** : 수수료가 비싼 편이지만, 편의점은 일본 어디에서나 쉽게 볼 수 있는 곳이기 때문에 편리하게 이용할 수 있다. 또, 24시간 운영되기 때문에 이용시간에 제약이 없다는 큰 장점을 가지고 있다. 단, 은행과 동일하게 이용이 어려운 카드가 있다.

■ 데이터 로밍하기

일본은 한국만큼 무료 WI-FI ZONE이 활성화되어 있지 않기 때문에, 데이터 요금 폭탄을 맞지 않기 위해서는 여행 전에 미리 데이터 로밍 요금제를 신청하고 여행을 가는 것이 좋다. 신청을 인터넷이나 모바일을 통해서 사전에 할 수도 있지만, 깜빡 했을 경우에는 공항의 통신사 데스크를 통해 신청할 수도 있다.

데이터를 이용하지 않을 예정이라면, 일본에서는 비행기 모드로 설정을 해놓자.

짐 꾸리기

안전하고 즐거운 여행을 위해 꼭 필요한 짐과 불필요한 짐을 나눠 효율적으로 꾸리는 것이 좋다. 그런데 여행하는 곳이 국내가 아닌 해외라면 더 신경 써서 준비해야 할 것들이 많다.

■ 짐 싸기 노하우

수하물로 부칠 캐리어 1개, 휴대용 가방 1개를 준비한다.
무거운 짐은 아래쪽으로, 가벼운 짐은 위쪽으로 놓는다.
옷은 찾기 쉽게 말아서 넣는다.
비상약 속옷 화장품 등 아이템별로 주머니에 담는다.
화장품은 샘플이나 미니 사이즈를 활용한다.
일본은 110V 전압을 사용하므로, 110V 변환용 어댑터를 준비한다.

■ 수하물 준비 방법 및 유의 사항

- 다음도 칼, 과도, 가위, 골프채 등은 휴대 제한 품목으로 분류되어 기내로 반입할 수 없으므로, 부칠 짐에 넣는다.

– 라이터, 부탄가스, 보조 배터리 등 폭발 가능성이 있는 물건은 운송 제한 품목으로 항공기 운송이 금지되어 있어 짐으로 부칠 수 없다.

– 파손되기 쉬운 물품이나 부패되기 쉬운 음식물, 악취 나는 물품 역시 부칠 수 없다.

■ 무료 수하물 허용량

여정, 좌석의 등급에 따라 짐의 크기 및 무게가 다르게 적용되므로 출발 전 조건에 맞는 무료 수하물 허용량을 확인하는 것이 좋다.

일반석의 경우 무게가 23kg 이내, 크기가 세 변의 합이 158cm 이내인 짐 1개를 무료로 맡길 수 있고 이를 초과할 경우 금액을 지불해야 한다.

(저가 항공의 경우, 무게 15kg이내, 크기가 세 변의 합이 203cm 이하)

■ 기내 반입 가능한 수하물의 크기와 무게

일반석의 경우 크기가 55 x 40 x 20(cm) 또는 세 변의 합이 115cm이하여야 하며, 무게는 12kg까지 가능하다. 개수는 이 외에 1개 추가 허용이 가능하다.

■ 여행 준비물 체크리스트

휴대용 가방

- ☐ 항공권
- ☐ 여권
- ☐ 환전한 돈
- ☐ 호텔정보 or 패키지 여행 일정
- ☐ 시계
- ☐ 신용카드
- ☐ 선글라스
- ☐ 선크림
- ☐ 필기구
- ☐ 카메라
- ☐ 휴대폰
- ☐ 보조 배터리

캐리어

- ☐ 카메라 충전기
- ☐ 휴대폰 충전기
- ☐ 110v 콘센트 (일명 돼지코)
- ☐ 비상약(두통약 해열제 감기약 모기약 등)
- ☐ 수영복
- ☐ 양말
- ☐ 속옷
- ☐ 트레이닝복 및 여벌옷
- ☐ 슬리퍼 및 운동화
- ☐ 우산
- ☐ 휴대용 화장품
- ☐ 세면도구
- ☐ 여행용 화장품
- ☐ 여행용 목욕 용품

출국 절차

■ 공항 도착

항공기 출발 2시간 전에 도착하는 것이 좋고, 저가항공의 경우는 탑승 게이트까지 모노레일을 타고 이동하는 경우가 많기 때문에 더 여유 롭게 도착하는 것이 좋다.

■ 탑승 수속

항공기 출발 40분 전까지 탑승 수속을 마감해야 한다. 여권과 탑승 권을 제출하여 예약을 확인한 후 좌석을 지정 받고 짐을 부친다.

■ 출국 수속

세관 신고   고가품 및 금지품목 소지여부를 신고하는 절차

보안 검색대 위험품 소지여부를 검사하는 절차

법무부   출입국 자격을 심사

■ 게이트 찾기

출국 수속을 마치면 면세 구역에서 쇼핑을 할 수 있고, 항공기 시간 에 맞춰 게이트를 찾아가면 된다.

■ 항공기 탑승

항공기 출발 30분 전에 탑승을 시작해서 출발 10분 전 마감한다.

입국 절차(현지)

■ 입국 수속
안내인의 안내에 따라 외국인 줄에 차례대로 선다. 기내에서 작성한 출입국 신고서를 제출한다. 그리고 심사인의 지시에 따라, 양 손의 검지 지문을 등록하고, 얼굴 사진을 촬영한다.

■ 짐 찾기
항공편별로 짐을 찾아야 하는 곳을 전광판을 통해 알려주므로 잘 확인해야 한다.

■ 세관 신고
기내에서 작성한 세관 신고서를 제출한다.

출입국 신고서
세관 신고서 작성하기

일본으로 입국하는 외국인은 '출입국 신고서'와 '휴대품 · 별송품 신고서'를 반드시 작성하여야 한다. 보통, 한글이 적혀 있어서, 어렵지 않게 작성할 수 있다. 그리고 작성한 '출입국 신고서'의 외국인 출국기록 카드는 입국할 때 여권에 붙여주고, 출국할 때 다시 회수해 가므로, 일본 여행 중에 훼손되지 않도록 주의하자.

항목	뜻	작성 요령	예시
氏 Family Name	성		
名 Given Names	이름		
国籍·地域 Nationality / Region	국적 / 지역	국가명을 적는다	KOREA
生年月日 Date of Birth	생년월일	日란에 날짜, 月란에 달, 年란에 연도를 적는다	
男/女 Male / Female	남 / 여		
現住所 Home Address	현주소	한국 내 주소를 적는다	
国名 Country name	국가명	국가명을 적는다	KOREA
都市名 City name	도시명	도시명을 적는다	SEOUL
職業 Occupation	직업		
旅券番号 Passport number	여권번호		
航空機便名·船名 Last Flight No. / Vessel	항공기편명 / 선명		
渡航目的 Purpose of visit	방문목적		
観光 Tourism	관광		
商用 Business	비즈니스		
親戚訪問 Visiting relatives	친지방문	해당 방문 목적에 체크한다	
トランジット Transit	환승		
その他 Others	기타		
日本滞在予定期間 Intended Length of stay in Japan	일본체류예정기간	체류기간을 적는다	
日本の連絡先 Intended address in Japan	일본에서의 연락처	일본 체류 주소 및 연락처를 적는다	
署名 Signature	서명	자필 서명한다	

알아두면 편리한 일본어 문자와 숫자표현

□ **50음도표 (히라가나)**

あ 아	い 이	う 우	え 에	お 오
か 카	き 키	く 쿠	け 케	こ 코
さ 사	し 시	す 스	せ 세	そ 소
た 타	ち 치	つ 츠	て 테	と 토
な 나	に 니	ぬ 누	ね 네	の 노
は 하	ひ 히	ふ 후	へ 헤	ほ 호
ま 마	み 미	む 무	め 메	も 모
や 야		ゆ 유		よ 요
ら 라	り 리	る 루	れ 레	ろ 로
わ 와				を 오
ん 응				

ア 아	イ 이	ウ 우	エ 에	オ 오
カ 카	キ 키	ク 쿠	ケ 케	コ 코
サ 사	シ 시	ス 스	セ 세	ソ 소
タ 타	チ 치	ツ 츠	テ 테	ト 토
ナ 나	ニ 니	ヌ 누	ネ 네	ノ 노
ハ 하	ヒ 히	フ 후	ヘ 헤	ホ 호
マ 마	ミ 미	ム 무	メ 메	モ 모
ヤ 야		ユ 유		ヨ 요
ラ 라	リ 리	ル 루	レ 레	ロ 로
ワ 와				ヲ 오
ン 응				

1 いち
이치

2 に
니

3 さん
산

4 し / よん
시 / 욘

5 ご
고

6 ろく
로쿠

7 しち / なな
시치 / 나나

8 はち
하치

9 きゅう / く
큐- / 쿠

10 じゅう
쥬-

TIP 1부터 10까지 알았으면 11부터 99까지는 숫자를 조합해서 읽으면 된다.
예를 들어 11은 10(쥬-)+1(이치)로 "**쥬- 이치**"라고 읽으면 되고,
99는 9(큐-)+10(쥬-)+9(큐-) "**큐- 쥬- 큐-**"라고 읽으면 된다.

100 ひゃく
햐쿠

400 よんひゃく
욘 햐쿠

700 ななひゃく
나나 햐쿠

200 にひゃく
니 햐쿠

500 ごひゃく
고 햐쿠

800 はっぴゃく
합 빠쿠

300 さんびゃく
산 뱌쿠

600 ろっぴゃく
롭 빠쿠

900 きゅうひゃく
큐- 햐쿠

1000 せん
셍

5000 ごせん
고셍

9000 きゅうせん
큐-셍

2000 にせん
니셍

6000 ろくせん
록셍

10000 いちまん
이치망

3000 さんぜん
산젱

7000 ななせん
나나셍

4000 よんせん
용셍

8000 はっせん
핫셍

□ 개수 세기

1개 ひとつ
히토츠

5개 いつつ
이츠츠

9개 ここのつ
코코노츠

2개 ふたつ
후타츠

6개 むっつ
뭇츠

10개 とお
토-

3개 みっつ
밋츠

7개 ななつ
나나츠

4개 よっつ
욧츠

8개 やっつ
얏츠

□ **날짜 읽기**

월		
1月 いちがつ 이치 가츠	**2月** にがつ 니 가츠	**3月** さんがつ 산 가츠
4月 しがつ 시 가츠	**5月** ごがつ 고 가츠	**6月** ろくがつ 로쿠 가츠
7月 しちがつ 시치 가츠	**8月** はちがつ 하치 가츠	**9月** くがつ 쿠 가츠
10月 じゅうがつ 쥬ー 가츠	**11月** じゅういちがつ 쥬ー이치 가츠	**12月** じゅうにがつ 쥬ー니 가츠

요일

일요일	にちようび 니치요–비	목요일	もくようび 모쿠요–비
월요일	げつようび 게츠요–비	금요일	きんようび 킨요–비
화요일	かようび 카요–비	토요일	どようび 도요–비
수요일	すいようび 스이요–비		

자주 쓰는 날짜 표현

당일치기	:	<ruby>日<rt>ひ</rt></ruby><ruby>帰<rt>がえ</rt></ruby>り 히가에리
1박 2일	:	<ruby>一<rt>いっ</rt></ruby><ruby>泊<rt>ぱく</rt></ruby><ruby>二<rt>ふつ</rt></ruby><ruby>日<rt>か</rt></ruby> 입파쿠 후츠카
2박 3일	:	<ruby>二<rt>に</rt></ruby><ruby>泊<rt>はく</rt></ruby><ruby>三<rt>みっ</rt></ruby><ruby>日<rt>か</rt></ruby> 니하쿠 밋카
3박 4일	:	<ruby>三<rt>さん</rt></ruby><ruby>泊<rt>ぱく</rt></ruby><ruby>四<rt>よっ</rt></ruby><ruby>日<rt>か</rt></ruby> 삼파쿠 욧카
4박 5일	:	<ruby>四<rt>よん</rt></ruby><ruby>泊<rt>はく</rt></ruby><ruby>五<rt>いつ</rt></ruby><ruby>日<rt>か</rt></ruby> 욘하쿠 이츠카
일주일	:	<ruby>一<rt>いっ</rt></ruby><ruby>週<rt>しゅう</rt></ruby><ruby>間<rt>かん</rt></ruby> 잇슈—칸

PART 01

그 너머에서

기내에서

많은 단어를 알 필요 없다
왜? 말할 게 뻔하니까!

01	좌석	せき 席 [세키]
02	이거	これ [코레]
03	안전벨트	シートベルト [시-토베루토]
04	화장실	トイレ [토이레]
05	변기	べんき 便器 [벵키]
06	스크린	スクリーン/画面 [스크리-인/가멩]
07	불	でんき 電気 [뎅키]
08	휴지	ティッシュ [팃슈]
09	담요	モーフ [모-후]
10	헤드폰	ヘッドホン [헫도홍]
11	리모컨	リモコン [리모콩]

12 신문
しんぶん
新聞
[심붕]

13 마실 것
の もの
飲み物
[노미모노]

14 간식거리
か し
お菓子
[오카시]

15 식사
しょく じ
食事
[쇼쿠지]

16 안대
がんたい
眼帯/アイマスク
[간타이]   [아이마스쿠]

17 베개
まくら
枕
[마쿠라]

18 슬리퍼
スリッパ
[스립빠]

19 입국신고서
にゅうこくしんこくしょ
入国申告書
[뉴-코쿠 신코쿠쇼]

20 세관신고서
ぜいかんしんこくしょ
税関申告書
[제-칸 신코쿠쇼]

21 펜
ペン
[펭]

22 기내면세품
き ないめんぜいひん
機内免税品
[키나이 멘제-힝]

호텔 152p   식당 188p   관광 234p   쇼핑 262p   귀국 288p   49

빨리찾아 읽으세요

01 좌석

席
[세키]

· 여기는 제 자리인데요.

ここは私の席ですが。
[코코와 와타시노 세키데스가]

· 제 자리 어딘가요?

私の席はどこですか?
[와타시노 세키와 도코데스까?]

· (옆 사람에게)자리를 바꿔
주실 수 있나요?

席を替わっていただけま
すか?
[세키오 카왓떼 이타다케마스까?]

· 제 자리 차지 마세요.

私の席を蹴らないでくだ
さい。
[와타시노 세키오 케라나이데 쿠다사이.]

02 이거

これ
[코레]

· 이거 뭐예요?

これは何ですか?
[코레와 난데스까?]

· 이거 가져다 주세요.

これをとってください。
[코레오 톧떼 쿠다사이.]

· 이거 안 돼요.

これ、使えません。
[코레 츠카에마셍.]

· 이거 정리해 주세요.

これを片付けてください。
[코레오 카타즈케떼 쿠다사이.]

· 이거 바꿔주세요.

これ、交換してください。
[코레 코-캉 시떼쿠다사이.]

· 이거로 할게요.

これにします。
[코레니 시마스.]

03 안전벨트

シートベルト
[시-토베루토]

· 안전벨트를 매세요.

シートベルトを締めてください。
[시-토베루토오 시메떼 쿠다사이.]

· 안전벨트가 없어요.

シートベルトがありません。
[시-토베루토가 아리마셍.]

· 안전벨트가 헐렁해요.

シートベルトがゆるいです。
[시-토베루토가 유루이데스.]

· 안전벨트가 타이트해요.

シートベルトがきついです。
[시-토베루토가 키츠이데스.]

04 화장실 ♥|♣

トイレ
[토이레]

· 화장실이 더러워요.

トイレが 汚いです。
[토이레가 키타나이데스.]

· 화장실 청소가 안 되었어요.

トイレの掃除ができて
いません。
[토이레노 소-지가 데키떼 이마셍.]

· 누가 화장실에 있나요?

誰かトイレにいますか?
[다레카 토이레니 이마스까?]

· 이거 화장실 줄인가요?

これはトイレの列ですか?
[코레와 토이레노 레츠데스까?]

05 변기

便器
[벵키]

· 물을 내리세요.

水を流してください。
[미즈오 나가시떼 쿠다사이.]

· 변기가 막혔습니다.

便器がつまりました。
[벵키가 츠마리마시따.]

06 스크린 ◦🔲

スクリーン/画面
[스크리-인/가멩]

· 제 화면 한번 봐 주실래요?
私の画面を一度見てもらえますか?
[와타시노 가멩오 이치도 미떼 모라에마스까?]

· 화면이 안 나와요.
画面が映りません。
[가멩가 우츠리마셍.]

· 화면이 멈췄어요.
画面が止まってしまいました。
[가멩가 토맏떼 시마이마시따.]

· 화면이 너무 밝아요.
画面が明るすぎます。
[가멩가 아까루스기마스.]

07 불 ◦💡

電気
[뎅키]

· 불 어떻게 켜요?
電気はどうやってつけるんですか?
[뎅키와 도-얃떼 츠케룬데스까?]

· 불이 너무 밝아요.
電気が明るすぎます。
[뎅키가 아까루스기마스.]

· 불 좀 꺼주세요.
ちょっと電気を消してもらえますか?
[쵿또 뎅키오 케시떼 모라에마스까?]

08 휴지

ティッシュ
[팃슈]

· 휴지 좀 주세요.

ティッシュください。
[팃슈 쿠다사이.]

· 휴지 좀 더 주세요.

ティッシュをもっとください。
[팃슈오 몯또 쿠다사이.]

09 담요

モーフ
[모-후]

· 담요가 없어요.

モーフがありません。
[모-후가 아리마셍.]

· 담요 주세요.

モーフをお願いします。
[모-후오 오네가이시마스.]

· 담요 하나만 더 주세요.

モーフをもうひとつお願いします。
[모-후오 모-히토츠 오네가이시마스.]

10 헤드폰

ヘッドホン
[헫도홍]

· 헤드폰 주세요.

ヘッドホンをお願いします。
[헫도홍오 오네가이시마스.]

· 헤드폰이 안 되는데요.

ヘッドホンが使えないんですが。
[헨도홍가 츠카에나인데스가.]

· 어디다 꽂아요?
(잭을 보여주며.)

どこにさせばいいですか?
[도코니 사세바 이이데스까?]

· 이거 가져도 돼요?

これ、もらってもいいですか?
[코레 모랃떼모 이이데스까?]

11 리모컨

リモコン
[리모콩]

· 리모컨이 없어요.

リモコンがありません。
[리모콩가 아리마셍]

· 리모컨이 안 되는데요.

リモコンが使えないんですが。
[리모콩가 츠카에나인데스가.]

· 리모컨 다른 걸로 갖다
주세요.
(다른 리모컨을 받을 수
있을 까요?)

他のリモコンをもらえますか?
[호카노 리모콩오 모라에마스까?]

12 신문

新聞
[심붕]

· 신문 갖다 주세요.

新聞をお願いします。
[심붕오 오네가이시마스.]

· 한국 신문 있어요? 韓国の新聞ありますか?
[캉코쿠노 심붕 아리마스까?]

· 스포츠 신문 있어요? スポーツ新聞ありますか?
[스포-츠 심붕 아리마스까?]

13 마실 것 飲み物
[노미모노]

· 어떤 음료로 하시겠어요? 飲み物は何になさいますか？
[노미모노와 나니니 나사이마스까?]]

· 물 주세요. 水お願いします。
[미즈 오네가이시마스.]

· 오렌지 주스 주세요. オレンジジュースお願いします。
[오렌지 쥬-스 오네가이시마스.]

· 콜라 주세요. コーラお願いします。
[코-라 오네가이시마스.]

· 사이다 주세요. スプライトお願いします。
[스프라이토 오네가이시마스.]

· 녹차 주세요. お茶お願いします。
[오챠오네가이시마스.]

· 커피 주세요. コーヒーお願いします。
[코-히- 오네가이시마스.]

· 맥주 주세요.　　　ビールお願いします。
[비-루 오네가이시마스.]

· 와인 주세요.　　　ワインお願いします。
[와잉 오네가이시마스.]

14 간식거리 　　お菓子
[오카시]

· 간식거리 좀 있나요?　　何か食べるものありますか?
[나니카 타베루 모노 아리마스까?]

· 땅콩 주세요.　　　ピーナッツお願いします。
[피-낫츠 오네가이시마스.]

· 프렛젤 주세요.　　　プレッツェルお願いします。
[프렛췌르 오네가이시마스.]

· 쿠키 주세요.　　　クッキーお願いします。
[쿠키- 오네가이시마스.]

15 식사 🍽

食事
[쇼쿠지]

· 식사가 언제인가요?　　食事はいつですか?
[쇼쿠지와 이츠데스까?]

· 메뉴가 뭐인가요?

メニューは何^{なん}ですか?

[메뉴-와 난데스까?]

· 식사 나중에 할게요.

食事^{しょくじ}は後^{あと}にします。

[쇼쿠지와 아토니 시마스.]

· 지금 식사 할게요.
(지금 식사 가능한가요?)

今^{いま}、食事^{しょくじ}できますか?

[이마 쇼쿠지 데키마스까?]

· 남아있는 메뉴로 괜찮아
요.

残^{のこ}ってるメニューで大丈夫^{だいじょうぶ}
です。

[노콘떼루 메뉴-데 다이죠-부데스.]

---

16 안대

アイマスク/眼帯^{がんたい}

[아이마스쿠/간타이]

· 안대 있어요?

アイマスクありますか?

[아이마스쿠 아리마스까?]

· 이 안대 좀 불편해요.

このアイマスク、少^{すこ}し不^ふ
便^{べん}なんです。

[코노아이마스쿠 스코시 후벤난데스.]

· 다른 안대 갖다 주세요.
(다른 안대를 받을 수 있을
까요?)

他^{ほか}のアイマスクをもらえ
ますか?

[호카노 아이마스쿠오 모라에마스까?]

17 베개

枕
[마쿠라]

· 베개 있어요?
枕はありますか?
[마쿠라와 아리마스까?]

· 이 베개 좀 불편해요.
この枕、少し不便なんです。
[코노마쿠라 스코시 후벤난데스.]

· 다른 베개 갖다 주세요.
(다른 베개를 받을 수 있을까요?)
他の枕をもらえますか?
[호카노 마쿠라오 모라에마스까?]

18 슬리퍼

スリッパ
[스립빠]

· 슬리퍼 있어요?
スリッパはありますか?
[스립빠와 아리마스까?]

· 이 슬리퍼 좀 불편해요.
このスリッパ、少し不便です。
[코노 스립빠 스코시 후벵데스.]

19 입국신고서

入国申告書
[뉴-코쿠 신코쿠쇼]

· 입국신고서 작성 좀 도와줘요.
(입국신고서 작성을 도와주실 수 있으세요?)
入国申告書を書くの手伝ってもらえますか?
[뉴-코쿠 신코쿠쇼오 카쿠노 테츠닫떼 모라에마스까?]

· 입국신고서 한 장 더 줘요.

入国申告書をもう一枚く
ださい。

[뉴-코쿠 신코쿠쇼오 모-이치마이 쿠다사이.]

20 세관신고서

税関申告書
[제-칸신코쿠쇼]

· 세관신고서 작성 좀
도와줘요.
(세관신고서 작성을 도와주
실 수 있으세요?)

税関申告書を書くの手伝
ってもらえますか?

[제-칸 신코쿠쇼오 카쿠노 테츠닷떼 모라에
마스까?]

· 세관신고서 한 장 더 줘요.

税関申告書をもう一枚く
ださい。

[제-칸 신코쿠쇼오 모-이치마이 쿠다사이.]

21 펜

ペン
[펭]

· 펜 좀 빌려줘요.
(펜을 빌려주실 수 있으세요?)

ペンを貸してもらえますか?

[펭오 카시떼 모라에마스까?]

· 펜이 안 나와요.

ペンのインクがでないん
です。

[펭노 잉크가 데나인데스.]

· 다른 펜으로 주세요.
(다른 펜을 받을 수 있을까요?)

他のペンをもらえますか?

[호카노 펭오 모라에마스까?]

22 기내면세품

機内免税品
[키나이 멘제-힝]

· 기내면세품 좀 보여줘요.
(기내면세품을 보여주실 수
있으세요?)

機内の免税品を見せても
らえますか?

[키나이노 멘제-힝오 미세떼 모라에마스까?]

· 신용카드 되나요?

クレジットカードは使え
ますか?

[크레짓또 카-도와 츠카에마스까?]

· 원화 되나요?

ウォンは使えますか?

[원와 츠카에마스까?]

위급상황 필요한 단어

01	두통	<ruby>頭痛<rt>ず つう</rt></ruby> [즈츠-]
02	복통	<ruby>腹痛<rt>ふくつう</rt></ruby> [후쿠츠-]
03	어지러움	<ruby>目<rt>め</rt></ruby>まい [메마이]
04	으슬으슬	<ruby>寒気<rt>さむ け</rt></ruby> [사무케]
05	아파요	<ruby>痛<rt>いた</rt></ruby>い [이타이]
06	비행기 멀미	<ruby>飛行機酔<rt>ひ こう き よ</rt></ruby>い [히코-키요이]

빨리찾아 말하면 OK!

· 두통 있는 것 같아요.

頭痛みたいです。
[즈츠- 미타이데스.]

· 두통약 좀 주세요.

頭痛薬ください。
[즈츠-야쿠 쿠다사이.]

· 복통 있는 것 같아요.

腹痛みたいです。
[후쿠츠-미타이데스.]

· 복통약 좀 주세요.

腹痛薬ください。
[후쿠츠-야쿠 쿠다사이.]

· 어지러워요.

目まいがします。
[메마이가 시마스.]

· 으슬으슬해요.

寒気がします。
[사무케가 시마스.]

· 몸이 좀 안 좋은거 같아요.
(아파요.)

体調が悪いみたいです。
[타이쵸-가 와루이 미타이데스.]

TIP 일본에서는 몸상태가 안 좋다고 말할 때 '이타이데스(아파요)'라고 하지 않는다.

· 멀미나요.

酔いました。
[요이마시따.]

TIP 일본어로 '멀미'는 '취했다'라는 표현과 동일하게 사용한다.

실제상황

윽..
갑자기 배가...

꾸루루룩   ぐるぐる   꾸루루룩

**何か必要なもの
ございませんか?**
なに　ひつよう

필요한 게 있으신가요?

**お腹が...痛いん
ですけど**
なか　いた

배가 아파요..

배탈약 좀...

画面がバグった
がめん

화면이 먹통이네

음?
왜 이러지?

톡 톡

이제 영화 좀 보려 했더니..

옆에는 작동이 되
네? 옮겨야겠다!

자신 있게 외쳐라~
日本語で話してみよう!

🎧 듣고 따라해 보세요.
PART 01-2

배탈이 난 거 같아요. 약 좀 주시겠어요?
食あたりみたいです。
薬をもらえますか?
[쇼쿠아타리 미타이데스. 쿠스리오 모라에마스까?]

화면이 먹통이에요.
画面が動きません。
[가멩가 우고키마셍.]

죄송한데 의자 좀 앞으로 해주세요.
すみませんが, 席を少し前に戻して
もらえますか?
[스미마셍가, 세키오 스코시 마에니 모도시떼 모라
에마스까?]

PART 02

공항에서

공항에서

많은 단어를 알 필요 없다
왜? 말할 게 뻔하니까!

01	환승	乗り継ぎ の　　つ [노리츠기]
02	게이트	ゲート [게-토]
03	탑승	搭乗 とうじょう [토-죠-]
04	다음 비행편	次のフライト つぎ [츠기노 후라이토]
05	연착	遅延 ち えん [치엥]
06	대기	待機 たい き [타이키]
07	대기장소	ラウンジ [라운지]
08	레스토랑	レストラン [레스토랑]
09	면세점	免税店 めんぜいてん [멘제-텐]
10	화장실	トイレ [토이레]
11	출입국 관리소	入国管理局 にゅうこくかん り きょく [뉴-코쿠 칸리쿄쿠]

공항

12	외국인	がいこくじん 外国人 [가이코쿠징]
13	통역사	つうやく し 通訳士 [츠-야쿠시]
14	지문	し もん 指紋 [시몽]
15	왕복티켓	おうふく 往復チケット [오-후쿠 치켇토]
16	여기 왜 왔냐면요	なぜここに来たかといいますと [나제 코코니 키타카토 이이마스토]
17	여기 묵을 거예요	ここに泊まります [코코니 토마리마스]
18	○○일 동안 있을거예요	かん たいざい ○○間、滞在します [○○칸, 타이자이시마스]
19	수하물 찾는 곳	て に もつうけとりしょ 手荷物受取所 [테니모츠 우케토리쇼]
20	카트	カート [카-토]
21	분실	ふんしつ 紛失 [훈시츠]
22	제 거예요	わたし 私のです [와타시노데스]

23 신고
しんこく
申告
[신코쿠]

24 선물
プレゼント
[프레젠토]

25 한국 음식
かんこくりょうり
韓国料理
[캉코쿠 료-리]

26 출구
でぐち
出口
[데구치]

27 여행안내소
りょこうあんないしょ
旅行案内所
[료코-안나이쇼]

28 환전
りょうがえ　がいかりょうがえ
両替 / 外貨両替
[료-가에 / 가이카 료-가에]

29 택시
タクシー
[타쿠시-]

30 셔틀버스
シャトルバス
[샤토르바스]

31 제일 가까운
いちばんちか
一番近い
[이치방 치카이]

빨리찾아 읽으세요

01 환승 ✈

乗り継ぎ
[노리츠기]

> TIP 환승은 보통 乗り換え[노리카에] 이지만, 비행기의 경우에만 乗り継ぎ[노리츠기]라고 한다.

· 환승 승객인데요.

乗り継ぎなんですが。
[노리츠기 난데스가.]

· 환승라운지 어디예요?

乗り継ぎのラウンジはどこですか?
[노리츠기노 라운지와 도코데스까?]

· 경유해서 뉴욕으로 가요.

経由してニューヨークに行きます。
[케-유시떼 뉴-요-크니 이키마스.]

02 게이트 🏭

ゲート
[게-토]

> TIP 게이트는 탑승구 搭乗口 [토-죠-구치] 라고 하기도 한다.

· 게이트를 못 찾겠어요.

ゲートが見つかりません。
[게-토가 미츠카리마셍.]

· 98번 게이트는 어디에 있어요?

98番のゲートはどこですか?
[큐-쥬-하치방노 게-토와 도코데스까?]

03 탑승

搭乗
[토-죠-]

· 탑승 언제 해요?

搭乗時間はいつですか?
[토-죠-지캉와 이츠데스까?]

· 탑승하려면 얼마나
기다려요?

搭乗するまでどれぐらい
待ちますか?
[토-죠-스루마데 도레구라이 마치마스까?]

04 다음 비행편

次のフライト
[츠기노 후라이토]

· 다음 비행기는 그럼
언제예요?

次のフライトはいつです
か?
[츠기노 후라이토와 이츠데스까?]

· 다음 비행편은
어떤 항공사예요?

次のフライトはどこの
航空会社ですか?
[츠기노 후라이토와 도코노 코-쿠-가이샤
데스까?]

· 다음 비행편은 얼마예요?

次のフライトはいくらですか?
[츠기노 후라이토와 이쿠라데스까?]

72   기내 46p   공항 66p   거리 92p   택시&버스 112p   전철&기차 132p

05 연착 ⏱

遅延
[치엥]

· 제 비행기 연착됐어요?

私の飛行機、遅延ですか?
[와타시노 히코-키 치엥데스까?]

· 왜 연착됐어요?

なぜ、遅延したんですか?
[나제 치엥시탄데스까?]

· 언제까지 기다려요?

いつまで待つんですか?
[이츠마데 마츤데스까?]

06 대기 👥

待機
[타이키]

TIP '대기'는 일본어로 '待機[타이키]'라고 하지만, '대기하다'라고 할 때에는 '기다린다'는 뜻의 동사 '待つ[마츠]'를 사용한다.

· 얼마나 대기해요?

どれぐらい待ちますか?
[도레구라이 마치마스까?]

· 어디서 대기해요?

どこで待てばいいですか?
[도코데 마떼바 이이데스까?]

· 대기하는 동안 나갈 수 있어요?

待っている間は外に出られますか?
[맏떼이루 아이다와 소토니 데라레마스까?]

07 대기장소 🍴

ラウンジ
[라운지]

· 대기장소 어디예요?

ラウンジはどこですか?
[라운지와 도코데스까?]

· 인터넷 할 수 있는 곳
  어디예요?

インターネットができる
所_{ところ}はどこですか?
[인타-넷토가 데키루 토코로와 도코데스까?]

· 비즈니스 라운지는
  어디예요?

ビジネスラウンジはどこ
ですか?
[비지네스라운지와 도코데스까?]

08 레스토랑

レストラン
[레스토랑]

· 레스토랑 어디예요?

レストランはどこですか?
[레스토랑와 도코데스까?]

· 한국 레스토랑 있어요?

韓国料理_{かんこくりょうり}のレストランは
ありますか?
[캉코쿠료-리노 레스토랑와 아리마스까?]

> TIP 한국 레스토랑은 한국에 있는 레스토랑이라는 뜻이 되기 때문에 한국요리
> 레스토랑이라는 표현을 사용한다.

· 카페 어디 있어요?

カフェはどこにありますか?
[카훼와 도코니 아리마스까?]

· 간단한 걸로 주세요.

手軽に食べられるものに
してください。
[테가루니 타베라레루 모노니 시테쿠다사이.]

· 오래 걸려요?

時間かかりますか?
[지캉 카카리마스까?]

09 면세점

免税店
[멘제-텐]

· 면세점 어디예요?

免税店はどこですか?
[멘제-텐와 도코데스까?]

· 면세점 멀어요?

免税店は遠いですか?
[멘제-텐와 토-이데스까?]

· 화장품 어디 있어요?

化粧品はどこですか?
[케쇼-힝와 도코데스까?]

· 선물할 거예요.

プレゼントするんです。
[프레젠토 스룬데스.]

10 화장실 ♥|♣

トイレ
[토이레]

· 화장실 어디 있어요?

トイレはどこですか?
[토이레와 도코데스까?]

· 화장실 밖으로 나가야
되나요?

トイレは外ですか?
[토이레와 소토데스까?]

· 라운지 안에는 화장실
없어요?

ラウンジ内にトイレはな
いんですか?
[라운지나이니 토이레와 나인데스까?]

11 출입국 관리소 🏛

入国管理局
[뉴-코쿠 칸리쿄쿠]

· 출입국 관리소 어디로
가요?

入国管理局はどこですか?
[뉴-코쿠 칸리쿄쿠와 도코데스까?]

· 입국심사대 어디로 가요?

入国審査はどこですか?
[뉴-코쿠 신사와 도코데스까?]

12 외국인 🐑

外国人
[가이코쿠징]

· 이게 외국인 줄인가요?

ここが外国人用の列ですか?
[코코가 가이코쿠징요-노 레츠데스까?]

13 통역사

通訳士
つうやくし
[츠-야쿠시]

· 한국인 통역사 불러주세요.

韓国人通訳士を呼んでください。
かんこくじんつうやくし よ

[캉코쿠징 츠-야쿠시오 욘데쿠다사이.]

· 못 알아 듣겠어요.

分かりません。
わ

[와카리마셍.]

· 천천히 말씀해 주세요.

ゆっくり話してください。
はな

[육쿠리 하나시떼쿠다사이.]

· 다시 한번 말씀해 주세요.

もう一回、言ってください。
いっかい い

[모-익까이 읻떼쿠다사이.]

14 지문

指紋
しもん
[시몽]

· 양손 검지손가락을 올려주세요.

両手の人差し指を乗せてください。
りょうて ひとさ ゆび の

[료-테노 히토사시 유비오 노세테쿠다사이.]

15 여권

パスポート
[파스포-토]

· 여권 준비해 주세요.

パスポートの準備お願いします。
じゅんび ねが

[파스포-토노 쥰비오네가이시마스.]

· 여권 보여주세요.

パスポートを見せてください。
[파스포-토오 미세떼 쿠다사이.]

16 ○○하러 왔어요 &?

○○しに来ました
[○○시니 키마시따]

· 휴가 보내러 왔어요.

休暇を過ごしに来ました。
[큐-카오 스고시니 키마시따.]

· 출장 때문에 왔어요.

出張のために来ました。
[슛쵸-노 타메니 키마시따.]

· 관광하러 왔어요.

観光しに来ました。
[칸코-시니 키마시따.]

· 친구 만나러 왔어요.

友達に会いに来ました。
[토모다치니 아이니 키마시따.]

17 여기 묵을 거예요 ⌇⌇

ここに泊まります
[코코니 토마리마스]

· 호텔에 묵을 거예요.

ホテルに泊まります。
[호테루니 토마리마스.]

· 게스트 하우스에 묵을 거예요.

ゲストハウスに泊まります。
[게스토하우스니 토마리마스.]

· 료칸에 묵을 거예요.　旅館に泊まります。
[료칸니 토마리마스.]

· 친척 집에 묵을 거예요.　親戚の家に泊まります。
[신세키노 이에니 토마리마스.]

· 친구집에 묵을 거예요.　友達の家に泊まります。
[토모다치노 이에니 토마리마스.]

18 ○○일 동안 있을 거예요　○○間、滞在します
[○○캉, 타이자이시마스]

· 3일 동안 있을 거예요.　三日間、滞在します。
[믹카캉 타이자이시마스.]

· 1주일 동안 있을 거예요.　一週間、滞在します。
[잇슈-캉 타이자이시마스.]

· 2주일 동안 있을 거예요.　二週間、滞在します。
[니슈-캉 타이자이시마스.]

· 한 달 동안 있을 거예요.　一ヶ月間、滞在します。
[익카게츠캉 타이자이시마스.]

19 수하물 찾는 곳 🧳 手荷物受取所
[테니모츠 우케토리쇼]

· 수하물 어디서 찾아요?	手荷物はどこで受け取ればいいですか? [테니모츠와 도코데 우케토레바 이이데스까?]
· 수하물 찾는 곳이 어디예요?	手荷物受取所はどこですか? [테니모츠 우케토리쇼와 도코데스까?]
· 수하물 찾는 곳으로 데려가 주세요. (수하물 찾는 곳으로 데려다 주실 수 있으세요?)	手荷物受取所まで連れて行ってもらえますか? [테니모츠 우케토리쇼마데 츠레테잇떼 모라에마스까?]

20 카트 🛒 カート
[카토]

· 카트 어딨어요?	カートはどこですか? [카-토와 도코데스까?]
· 카트 무료예요?	カートは無料ですか? [카-토와 무료-데스까?]
· 카트 고장났나봐요.	カートが壊れたみたいです。 [카-토가 코와레타 미타이데스.]
· 카트가 없는데요.	カートがないんですが。 [카-토가 나인데스가.]

21 분실

紛失
ふんしつ
[훈시츠]

· 제 짐이 없는데요.

私の荷物がありません。
わたし　に　もつ
[와타시노 니모츠가 아리마셍.]

· 제 짐이 안 나왔어요.

私の荷物がまだ出てい
わたし　に　もつ　　　　で
ません。
[와타시노 니모츠가 마다 데테이마셍.]

· 짐을 잃어버린 것
같아요.

荷物を失くしてしまった
に　もつ　な
みたいです。
[니모츠오 나쿠시떼 시맏따미타이데스.]

22 제 거예요

私のです
わたし
[와타시노데스]

· 이 가방 제 거예요.

このかばんは私のです。
わたし
[코노 카방와 와타시노데스.]

· 이 카트 제 거예요.

このカートは私のです。
わたし
[코노 카-토와 와타시노데스.]

23 신고

申告
しんこく
[신코쿠]

· 신고할 물건 없어요.

申告するものはありません。
しんこく
[신코쿠 스루모노와 아리마셍.]

호텔 152p　　식당 188p　　관광 234p　　쇼핑 262p　　귀국 288p

81

· 신고할 물건 있어요.　　申告するものがあります。
[신코쿠 스루모노가 아리마스.]

· 신고하려면 어디로 가죠?　申告するにはどこへ行けばいいですか?
[신코쿠 스루니와 도코에 이케바 이이데스까?]

24 선물 🎁

プレゼント
[프레젠토]

· 이건 선물할 거예요.　　　これ、プレゼントするんです。
[코레 프레젠토 스룬데스.]

· 이건 선물 받은 거예요.　　これ、プレゼントでもらったんです。
[코레 프레젠토데 모랏탄데스.]

· 선물로 산 거예요.　　　　プレゼントで買ったものです。
[프레젠토데 캇타모노데스.]

25 한국 음식 🍲

韓国料理
[캉코쿠 료-리]

· 이거 한국 음식이에요.　　これ、韓国料理です。
[코레 캉코쿠료-리데스.]

· 김이에요.

のりです。
[노리데스.]

· 미숫가루예요.

はったい粉です。
[핫타이코데스.]

· 고추장이에요.

コチュジャンです。
[코츄장데스.]

· 김치예요.

キムチです。
[키무치데스.]

· 이상한 거 아니에요.

変なものじゃありません。
[헨나모노쟈 아리마셍.]

26 출구

出口
[데구치]

· 출구 어디예요?

出口はどこですか?
[데구치와 도코데스까?]

· 출구는 어느 쪽이에요?

出口はどっちの方ですか?
[데구치와 돗치노 호-데스까?]

· 출구를 못 찾겠어요.

出口が見つからないんです。
[데구치가 미츠카라나인데스.]

· 출구로 안내해 주세요.

出口まで案内してください。
[데구치마데 안나이 시떼 쿠다사이.]

27 여행안내소

旅行案内所
[료코-안나이쇼]

· 여행안내소 어디예요?
旅行案内所はどこですか?
[료코-안나이쇼와 도코데스까?]

· 여행안내소로
데려다 주세요.
旅行案内所まで連れて行ってください。
[료코-안나이쇼마데 츠레떼잍떼 쿠다사이.]

· 지도 좀 주세요.
地図をください。
[치즈오 쿠다사이.]

· 한국어 지도 있어요?
韓国語の地図はありますか?
[칸코쿠고노 치즈와 아리마스까?]

28 환전

両替/外貨両替
[료-가에 / 가이카 료-가에]

TIP 일본에서 한화을 엔화로 바꾸는 것은 両替 [료-가에] 보다 外貨両替 [가이카 료-가에]의 편이 더 자연스럽다.

· 환전하는 데 어디예요?
外貨両替をする所はどこですか?
[가이카료-가에오 스루토코로와 도코데스까?]

· 환전하려고 하는데요.
両替したいんですが。
[료-가에 시타인데스가.]

· 환전하는 데
데려다 주세요.

がいかりょうがえ
外貨両替をするところま
で連れていってください。

[가이카 료-가에오 스루 토코로마데 츠레떼
잍떼 쿠다사이.]

· 잔돈으로 주세요.

こま
細かいのにかえてくだ
さい。

[코마카이노니 카에떼 쿠다사이.]

TIP 잔돈을 小銭[코제니]로 써도 되지만, 젊은 사람은 잘 사용하지 않는 말이다.

29 택시 🚗

タクシー
[타쿠시-]

· 택시 어디서 탈 수 있어요?

の ば
タクシー乗り場はどこ
ですか?

[타쿠시-노리바와 도코데스까?]

· 택시 타는 데 데려다 주세요.
(택시 타는 데까지 데려다
주실 수 있으세요?)

の ば つ
タクシー乗り場まで連れ
て行ってもらえますか?

[타쿠시-노리바마데 츠레테잍떼 모라에마스까?]

· 택시 타면 비싼가요?

たか
タクシーだと高いですか?

[타쿠시-다토 타카이데스까?]

· 택시로 가려고요.

い おも
タクシーで行こうと思っ
てます。

[타쿠시-데 이코-토 오몯떼마스.]

· 택시 대신 뭐 탈 수
있어요?

タクシーの代^かわりに何^{なに}に
乗^のればいいですか?
[타쿠시-노 카와리니 나니니 노레바 이이
데스까?]

30 셔틀버스

シャトルバス
[샤토르바스]

· 셔틀버스 어디서 타요?

シャトルバスはどこで乗^の
るんですか?
[샤토르바스와 도코데 노룬데스까?]

· 셔틀버스 몇 시에
출발해요?

シャトルバスは何時^{なんじ}に
出発^{しゅっぱつ}しますか?
[샤토르바스와 난지니 슙파츠시마스까?]

· 이 셔틀버스 시내 가요?

このシャトルバスは市内^{しない}
に行^いきますか?
[코노 샤토르바스와 시나이니 이키마스까?]

· 셔틀버스 얼마예요?

シャトルバスはいくらで
すか?
[샤토르바스와 이쿠라데스까?]

31 제일 가까운 ↔ いちばん近い
[이치방 치카이]

· 제일 가까운 호텔이
  어디죠?

いちばん近いホテルはど
こですか?

[이치방 치카이 호테루와 도코데스까?]

· 제일 가까운 레스토랑이
  어디죠?

いちばん近いレストラン
はどこですか?

[이치방 치카이 레스토랑와 도코데스까?]

· 제일 가까운 카페가
  어디죠?

いちばん近いカフェはど
こですか?

[이치방 치카이 카훼와 도코데스까?]

· 제일 가까운 전철역이
  어디죠?

いちばん近い電車駅はど
こですか?

[이치방 치카이 뎅샤 에키와 도코데스까?]

호텔 152p   식당 188p   관광 234p   쇼핑 262p   귀국 288p   **87**

위급상황 필요한 단어

01 **인터넷**　インターネット
[인타-넫토]

02 **현금지급기**　ATM
[에-티-에무]

03 **대여**　レンタル
[렌타루]

04 **전화**　でん わ
電話
[뎅와]

05 **편의점**　コンビニ
[콤비니]

06 **약국**　やっきょく
薬局
[약쿄쿠]

07 **흡연 구역**　きつえん く いき きつえん
喫煙区域/喫煙エリア
[키츠엥쿠이키/키츠엥에리아]

빨리찾아 말하면 OK!

· 인터넷 쓸 수 있는 데 있어요?
インターネット使(つか)えるところありますか?
[인타-넽토 츠카에루 토코로 아리마스까?]

· 와이파이 터지는 데 있어요?
Wi-Fiが使(つか)えるところありますか?
[와이화이가 츠카에루 토코로와 아리마스까?]

· 현금지급기 어딨어요?
ATMはどこにありますか?
[에-티-에무와 도코니 아리마스까?]

· 전화할 수 있는 데 어디예요?
電話(でんわ)できるところは、どこですか?
[뎅와 데키루 토코로와 도코데스까?]

· 편의점 어딨어요?
コンビニはどこですか?
[콤비니와 도코데스까?]

· 약국 어딨어요?
薬局(やっきょく)はどこですか?
[약쿄쿠와 도코데스까?]

· 아스피린 있어요?
アスピリンありますか?
[아스피링 아리마스까?]

· 생리통 약 있어요?
生理痛(せいりつう)の薬(くすり)ありますか?
[세-리츠-노 쿠스리 아리마스까?]

· 흡연 구역 어디예요?
喫煙区域(きつえんくいき)はどこですか?
[키츠엥쿠이키와 도코데스까?]

실제 상황
여행 일본어

あっ。それは、
あっちですよ。

아, 그것은 저쪽입니다.

자신 있게 외쳐라~
日本語で話してみよう!

🎧 듣고 따라해 보세요.
PART 02-2

제 짐이 아직 안 나왔어요.
私の荷物がまだ出ていません。

[와타시노 니모츠가 마다 데떼이마셍.]

짐이 바뀐 거 같아요.
荷物が入れ替わったみたいです。

[니모츠가 이레카왈타 미타이데스.]

그거 제 짐이에요!
それ, 私の荷物です!

[소레, 와타시노 니모츠데스!]

공항

호텔 152p   식당 188p   관광 234p   쇼핑 262p   귀국 288p

PART 03

거리에서

거리에서

많은 단어를 알 필요 없다
왜? 말할 게 뻔하니까!

01	어디 있어요?	どこですか? [도코데스까?]
02	어떻게 가요?	どうやって行きますか? [도-얏떼 이키마스까?]
03	길	道 [미치]
04	찾아요	探します [사가시마스]
05	주소	住所 [쥬-쇼]
06	지도	地図 [치즈]
07	오른쪽	右 [미기]
08	왼쪽	左 [히다리]
09	거리	通り [토-리]
10	모퉁이	角 [카도]
11	골목	細道 [호소미치]

거리

12	횡단보도	<ruby>横断歩道<rt>おうだんほどう</rt></ruby> [오-단호도-]
13	걸어요	<ruby>歩きます<rt>ある</rt></ruby> [아루키마스]
14	얼마나 걸려요?	どのくらいかかりますか? [도노쿠라이 카카리마스까?]
15	고마워요	ありがとうございます／どうも [아리가토-고자이마스 / 도-모]
16	이 근처에 ○○있나요?	この<ruby>辺<rt>あた</rt></ruby>りに○○はありますか? [코노 아타리니 ○○와 아리마스까?]

빨리찾아 읽으세요

01 어디 있어요? 🔍? どこにありますか?
[도코니 아리마스까?]

· 여기 어딨어요?

ここ、どこにありますか?
[코코 도코니 아리마스까?]

· 이 레스토랑 어딨어요?

このレストラン、どこにあり
ますか?
[코노 레스토랑 도코니 아리마스까?]

· 이 백화점 어딨어요?

このデパート、どこにあ
りますか?
[코노 데파-토 도코니 아리마스까?]

· 박물관 어딨어요?

博物館はどこにありますか?
[하쿠부츠캉와 도코니 아리마스까?]

· 미술관 어딨어요?

美術館はどこにありますか?
[비쥬츠캉와 도코니 아리마스까?]

· 버스 정류장 어딨어요?

バス停はどこにありますか?
[바스테-와 도코니 아리마스까?]

· 지하철역 어딨어요?

地下鉄の駅はどこにあり
ますか?
[치카테츠노 에키와 도코니 아리마스까?]

· 택시 정류장 어딨어요?

タクシー乗り場はどこにあ
りますか?
[타쿠시-노리바와 도코니 아리마스까?]

02 어떻게 가요?

どうやって行きますか?
[도-얏떼 이키마스까?]

· 여기 어떻게 가요?

ここ、どうやって行きますか?
[코코 도-얏떼 이키마스까?]

· 저기 어떻게 가요?

あそこ、どうやって行きますか?
[아소코 도-얏떼 이키마스까?]

· 이 주소로 어떻게 가요?

この住所へはどうやって行きますか?
[코노 쥬-쇼에와 도-얏떼 이키마스까?]

· 이 건물 어떻게 가요?

この建物はどうやって行きますか?
[코노 타테모노와 도-얏떼 이키마스까?]

· 이 레스토랑 어떻게 가요?

このレストランはどうやって行きますか?
[코노 레스토랑와 도-얏떼 이키마스까?]

· 이 박물관 어떻게 가요?

この博物館はどうやって行きますか?
[코노 하쿠부츠캉와 도-얏떼 이키마스까?]

· 버스 정류장 어떻게 가요?　バス停はどうやって行きますか?

[바스테-와 도-얕떼 이키마스까?]

· 지하철역 어떻게 가요?　地下鉄の駅はどうやって行きますか?

[치카테츠노 에키와 도-얕떼 이키마스까?]

· 택시 정류장 어떻게 가요?　タクシー乗り場はどうやって行きますか?

[타쿠시-노리바와 도-얕떼 이키마스까?]

03 길 🎧

道
[미치]

· 이 길이 맞아요?　この道であってますか?

[코노 미치데 앝떼마스까?]

· 길 좀 알려줄 수 있어요?　道を教えてもらえますか?

[미치오 오시에떼 모라에마스까?]

· 이 방향이 맞아요?　この方向であってますか?

[코노 호-코-데 앝떼마스까?]

· 이 길이 아닌 것 같아요.　この道じゃない気がします。

[코노 미치쟈 나이 키가시마스.]

04 찾아요

探しています
[사가시떼 이마스]

· 저 여기 찾아요.

私は、ここを探しています。
[와타시와 코코오 사가시떼 이마스.]

· 이 주소 찾아요.

この住所を探しています。
[코노 쥬-쇼오 사가시떼 이마스.]

· 레스토랑 찾아요.

レストランを探しています。
[레스토랑오 사가시떼 이마스.]

· 버스 정류장 찾아요.

バス停を探しています。
[바스테-오 사가시떼 이마스.]

· 택시 정류장 찾아요.

タクシー乗り場を探しています。
[타쿠시-노리바오 사가시떼 이마스.]

· 지하철역 찾아요.

地下鉄の駅を探しています。
[치카테츠노 에키오 사가시떼 이마스.]

05 주소

住所
[쥬-쇼]

· 이 주소 어디예요?

この住所はどこですか?
[코노 쥬-쇼와 도코데스까?]

호텔 152p   식당 188p   관광 234p   쇼핑 262p   귀국 288p

거리

· 이 주소 어떻게 가요?　　この住所へはどうやって
　　　　　　　　　　　　　行くんですか?
　　　　　　　　　　　　　[코노 쥬-쇼에와 도-얏떼 이쿤데스까?]

· 이 주소 아세요?　　　　この住所、知ってますか?
　　　　　　　　　　　　　[코노 쥬-쇼 싵떼마스까?]

· 이 주소로 데려다 주세요.　この住所の場所に連れて
　　　　　　　　　　　　　行ってください。
　　　　　　　　　　　　　[코노 쥬-쇼노 바쇼니 츠레테 잍떼 쿠다사이.]

06 지도
地図
[치즈]

· 이 지도가 맞아요?　　　この地図はあってますか?
　　　　　　　　　　　　　[코노 치즈와 앋떼마스까?]

· 지도의 여기가 어디예요?　地図のここはどこですか?
　　　　　　　　　　　　　[치즈노 코코와 도코데스까?]

· 지금 제가 있는 곳이 어디　今、私がいるところはど
　인가요?　　　　　　　　こですか？
　　　　　　　　　　　　　[이마 와타시가 이루 토코로와 도코데스까]

07 오른쪽
右
[미기]

· 오른쪽으로 가요.　　　右に行ってください。
　　　　　　　　　　　　　[미기니 잍떼쿠다사이.]

· 오른쪽 모퉁이를 돌아요. 右の角を曲がってください。
[미기노 카도오 마갇떼쿠다사이.]

· 오른쪽으로 계속 가요. 右にずっと行ってください。
[미기니 즏또 읻떼 쿠다사이.]

· 오른쪽 건물이에요. 右側の建物です。
[미기가와노 타테모노데스.]

08 왼쪽 🢔

左
[히다리]

· 왼쪽으로 가요. 左に行ってください。
[히다리니 읻떼쿠다사이.]

· 왼쪽 모퉁이를 돌아요. 左の角を曲がってください。
[히다리노 카도오 마갇떼쿠다사이.]

· 왼쪽으로 계속 가요. 左にずっと行ってください。
[히다리니 즏또 읻떼쿠다사이.]

· 왼쪽 건물이에요. 左側の建物です。
[히다리가와노 타테모노데스.]

09 거리

通り
[토-리]

TIP 발음에 주의하자. [토-리 →] 로 발음해야 '거리'라는 뜻이다.
[토-리 ╱ ╲] 로 발음하면 '~와 같이'라는 뜻이다.

· 이 거리 어디예요?　　　この通^{とお}りはどこですか?

[코노 토-리와 도코데스까?]

· 이 거리로 데려다 줘요.　　この通^{とお}りに連^つれて行^いって
　　　　　　　　　　　　ください。

[코노 토-리니 츠레테잇떼 쿠다사이.]

· 이 거리를 따라 쭉　　　　この通^{とお}りにそって行^いって
　내려가요.　　　　　　　ください。

[코노 토-리니 솓떼 잇떼 쿠다사이.]

· 이 다음 거리에 있어요.　 この次^{つぎ}の通^{とお}りにあります。

[코노츠기노 토-리니 아리마스.]

10 모퉁이 　　角^{かど}
[카도]

TIP　이 모퉁이를 뜻하는 この角^{かど}[코노카도] 대신
　　여기라는 뜻의 ここ[코코]를 사용할 때가 많다.

· 이 모퉁이를 돌면 있어요.　この角^{かど}を曲^まがったらあり
　　　　　　　　　　　　ます。

[코노카도오 마갇따라 아리마스.]

· 이 모퉁이를 돌면　　　　この角^{かど}を曲^まがったらあるっ
　있다고 했는데…　　　　て聞^きいたんですが。

[코노 카도오 마갇따라 아룬떼 키이탄데스가.]

· 여기 돌면 이 건물이　　　ここを曲^まがれば、この
　있어요?　　　　　　　　建物^{たてもの}がありますか?

[코코오 마가레바 코노 타테모노가 아리마스까?]

· 여기 말고 다음 모퉁이예요. ここじゃなくて、次の角です。

[코코쟈나쿠테 츠기노 카도데스.]

11 골목

細道
[호소미치]

· 이 골목으로 들어가요? この細道に入りますか?

[코노 호소미치니 하이리마스까?]

· 이 골목으로 들어가요. この細道に入ります。

[코노 호소미치니 하이리마스.]

· 이 골목은 아니에요. この細道じゃありません。

[코노 호소미치쟈 아리마셍]

· 다음 골목이에요. 次の細道です。

[츠기노 호소미치데스.]

· 이 골목은 위험해요. この細道は危ないです。

[코노 호소미치와 아부나이데스.]

12 횡단보도

横断歩道
[오-단호도-]

· 횡단보도 어디예요? 横断歩道はどこですか?

[오-단호도-와 도코데스까?]

· 횡단보도 멀어요?　　　　横断歩道は遠いですか?
　　　　　　　　　　　　[오-단호도-와 토-이데스까?]

· 횡단보도 어떻게 가요?　横断歩道へはどうやって
　　　　　　　　　　　　行きますか?
　　　　　　　　　　　　[오-단호도-에와 도-얃떼 이키마스까?]

· 여기서 건너야 돼요.　　ここで渡らなければいけ
　　　　　　　　　　　　ません。
　　　　　　　　　　　　[코코데 와타라나케레바 이케마셍.]

13 걸어요　　　　歩きます
[아루키마스]

· 여기서 걸어갈 수 있어요?　ここから歩いて行けますか?
　　　　　　　　　　　　[코코카라 아루이떼 이케마스까?]

· 얼마나 걸어요?　　　　どのくらい歩きますか?
　　　　　　　　　　　　[도노쿠라이 아루키마스까?]

· 뛰어서 가면요?　　　　走ったら?
　　　　　　　　　　　　[하싣따라?]

· 걸어가기엔 멀어요.　　歩いて行くには遠いで
　　　　　　　　　　　　す。
　　　　　　　　　　　　[아루이떼 이쿠니와 토-이데스]

14 얼마나 걸려요? ☺? どのくらいかかりますか?
[도노쿠라이 카카리마스카?]

거리

· 여기서 얼마나 걸려요?

ここからどのくらいかかりますか?
[코코카라 도노쿠라이 카카리마스까?]

· 걸어서 얼마나 걸려요?

歩いてどのくらいかかりますか?
[아루이테 도노쿠라이 카카리마스까?]

· 버스로 얼마나 걸려요?

バスでどのくらいかかりますか?
[바스데 도노쿠라이 카카리마스까?]

· 지하철로 얼마나 걸려요?

地下鉄でどのくらいかかりますか?
[치카테츠데 도노쿠라이 카카리마스까?]

· 택시로 얼마나 걸려요?

タクシーでどのくらいかかりますか?
[타쿠시-데 도노쿠라이 카카리마스까?]

15 고마워요 ☺

ありがとうございます /
どうも
[아리가토-고자이마스 / 도-모]

· 고마워요.

ありがとうございます。
[아리가토-고자이마스.]

· 도와줘서 고마워요.

手伝ってくれてありがとうございます。
[테츠닫떼쿠레테 아리가토-고자이마스.]

· 덕분에 살았어요.

おかげさまで助かりました。

[오카게사마데 타스카리마시따.]

16 이 근처에 ○○있나요? 📄?

この辺りに○○は ありますか?

[코노 아타리니 ○○와 아리마스까?]

· 이 주변에 카페가
있나요?

この辺りにカフェはあります
か?

[코노 아타리니 카훼와 아리마스까?]

· 이 주변에 편의점이
있나요?

この辺りにコンビニはあり
ますか?

[코노 아타리니 콤비니와 아리마스까?]

· 이 주변에 백화점이
있나요?

この辺りにデパートはあり
ますか?

[코노 아타리니 데파-토와 아리마스까?]

· 이 주변에 레스토랑이
있나요?

この辺りにレストランはあ
りますか?

[코노 아타리니 레스토랑와 아리마스까?]

· 이 주변에 은행이 있나요?

この辺りに銀行はありますか?

[코노 아타리니 깅코-와 아리마스까?]

· 이 주변에 약국이 있나요?

この辺りに薬局はありますか?

[코노 아타리니 약쿄쿠와 아리마스까?]

· 이 주변에 역이
있나요?

この辺りに駅はありますか?

[코노 아타리니 에키와 아리마스까?]

말만하니? 난 듣기도 돼!

🎧 **듣고 따라해 보세요.**
PART 03-2
질문을 했을 때 상대방이 할 수 있는 대답을 미리 예상해보고 발음을 들어보세요.

거리

코코마데 도-얃떼 이키마스까?
ここまでどうやって行きますか?

여기까지 어떻게 가요?

① 타쿠시-니 놋떼 쿠다사이.
タクシーに乗ってください。

택시 타세요.

② 덴샤니 놋떼 쿠다사이.
電車に乗ってください。

전철 타세요.

③ 바스니 놋떼 쿠다사이.
バスに乗ってください。

버스 타세요.

④ 코코카라 아루이떼 줍뿐데스.
ここから歩いて10分です。

여기서 걸어서 10분 걸려요.

⑤ 안나이시마스.
案内します。

안내할게요.

⑥ 요쿠 와카리마셍.
よくわかりません。

잘 모르겠어요.

호텔 152p   식당 188p   관광 234p   쇼핑 262p   귀국 288p   **107**

위급상황 필요한 단어

01 길을 잃었어요

道に迷いました
[미치니 마요이마시따.]

02 소매치기야

すり犯です / ひったくり
[스리한데스 / 힏타쿠리]

03 공중화장실

公衆トイレ
[코-슈-토이레]

04 저 돈 없어요

お金がありません
[오카네가 아리마셍]

빨리찾아 말하면 OK!

· 저 길을 잃었어요.　　　　　道に迷いました。
[미치니 마요이마시타.]

· 저 여행객인데,　　　　　私は旅行客です、助けて
  도와주세요.　　　　　　 ください。
[와타시와 료코-캬쿠데스 타스케떼 쿠다사이.]

· 소매치기 당했어요!　　　　スリに遭いました！
[스리니 아이마시따!]

· 도둑이야! 잡아주세요!　　　泥棒! 捕まえてください!
[도로보-! 츠카마에떼 쿠다사이!]

· 공중화장실 어디 있나요?　　公衆トイレはどこにあり
　　　　　　　　　　　　　ますか?
[코-슈-토이레와 도코니 아리마스까?]

· 화장실 좀 써도 되나요?　　トイレ借りてもいいですか?
[토이레 카리떼모 이이데스까?]

· 저 돈 없어요.　　　　　　私、お金ありません。
[와타시 오카네 아리마셍.]

· 진짜예요.　　　　　　　本当です。
[혼또-데스.]

· 소리 지를 거예요!　　　　大声出しますよ！
[오-고에 다시마스요!]

호텔 152p　　식당 188p　　관광 234p　　쇼핑 262p　　귀국 288p　**109**

실제상황

* 일본에서는 허용된 장소 외에서 담배를 피면 벌금을 낼 수가 있다.

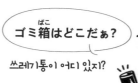

何だぁ??

뭐지?

どっさり

수북

どっさり

수북

언제 이렇게
많이...

자신 있게 외쳐라~
日本語で話してみよう!

🎧 듣고 따라해 보세요.
PART 03-3

쓰레기통은 어디에 있어요?
ゴミ箱はどこにありますか?
[고미바코와 도코니 아리마스까?]

길에서 담배 피지 않았어요!
歩きタバコはしてません!
[아루키 타바코와 시떼마셍!]

필요 없습니다.
必要ありません。
[히츠요-아리마셍.]

호텔 152p   식당 188p   관광 234p   쇼핑 262p   귀국 288p   **111**

PART 04
택시 &
버스에서

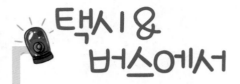

택시 & 버스에서

많은 단어를 알 필요 없다
왜? 말할 게 뻔하니까!

01	택시 정류장	タクシー乗り場 [타쿠시-노리바]
02	○○로 가주세요	○○までお願いします [○○마데 오네가이시마스]
03	주소	住所 [쥬-쇼]
04	기본 요금	基本料金 [키홍료-킹]
05	요금	料金 [료-킹]
06	트렁크	トランク [토랑크]
07	빨리 가주세요	もう少し早くお願いします [모- 스코시 하야쿠 오네가이시마스]
08	세워주세요	止めてください [토메테 쿠다사이]
09	잔돈	おつり [오츠리]
10	신용카드	クレジットカード [크레짓또 카-도]

11	영수증	レシート [레시-토]
12	버스 정류장	バス停 てい [바스테-]
13	○○행 버스	○○行きバス ゆ [○○유키 바스]
14	버스 요금	バス料金 りょうきん [바스 료-킹]
15	반대쪽	反対側 はんたいがわ [한타이가와]
16	기다려요	待ってください ま [맏떼 쿠다사이]
17	환승	乗り換え の か [노리카에]
18	내려요	降ります お [오리마스]
19	정거장	停留所 ていりゅうじょ [테-류-죠]

택시
&
버스

빨리찾아 _{읽으세요}

01 택시 정류장 🚕 タクシー乗り場
[타쿠시-노리바]

· 택시 정류장 어디예요?

タクシー乗り場はどこですか?
[타쿠시-노리바와 도코데스까?]

· 택시 정류장이 가까워요?

タクシー乗り場は近いですか?
[타쿠시-노리바와 치카이데스까?]

· 택시 어디서 탈 수 있어요?

タクシーはどこで乗れますか?
[타쿠시-와 도코데 노레마스까?]

· 택시 정류장 걸어갈 수 있어요?

タクシー乗り場まで歩いていけますか?
[타쿠시-노리바마데 아루이떼 이케마스까?]

02 ○○로 가주세요 🖐 ○○までお願いします
[○○마데 오네가이시마스]

> **TIP** ○○로 가주세요를 일본어로 직역하면 [○○마데 잇떼 쿠다사이.]이지만, [쿠다사이.]라는 표현은 명령형처럼 들려서 잘 사용하지 않고, 대신 [○○마데 오네가이시마스]를 많이 쓴다.

· 여기로 가주세요.

ここまでお願いします。
[코코마데 오네가이시마스.]

· 이 주소로 가주세요.

この住所までお願いします。
[코노 쥬-쇼마데 오네가이시마스.]

· 이 호텔로 가주세요.

このホテルまでお願いします。

[코노 호테루마데 오네가이시마스.]

· 이 박물관으로 가주세요.

この博物館までお願いします。

[코노 하쿠부츠캉마데 오네가이시마스.]

· 이 미술관으로 가주세요.

この美術館までお願いします。

[코노 비쥬츠캉마데 오네가이시마스.]

· 공원으로 가주세요.

公園までお願いします。

[코-엔마데 오네가이시마스.]

· 시내로 가주세요.

市内までお願いします。

[시나이마데 오네가이시마스.]

· 공항으로 가주세요.

空港までお願いします。

[쿠-코-마데 오네가이시마스.]

택시
&
버스

03 주소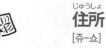

住所

[쥬-쇼]

· 이 주소로 가주세요.

この住所までお願いします。

[코노 쥬-쇼마데 오네가이시마스.]

· 이 주소 어딘지 아세요?
(주소를 가리키며)

ここがどこか分かりますか?

[코코가 도코카 와카리마스까?]

· 이 주소가 이상해요.

この住所、おかしいです。
[코노 쥬-쇼 오카시-데스.]

· 이 주소에서 가까운 데로 가주세요.

この住所から近いところにお願いします。
[코노 쥬-쇼카라 치카이 토코로니 오네가이시마스.]

04 기본 요금

基本料金
[키홍료-킹]

· 기본 요금이 얼마예요?

基本料金はいくらですか?
[키홍료-킹와 이쿠라데스까?]

05 요금

料金
[료-킹]

· 요금이 얼마예요?

いくらですか?
[이쿠라데스까?]

· 요금 얼마 드려야 되죠?

いくらお渡しすればいいですか?
[이쿠라 오와타시스레바 이이데스까?]

· 잔돈이 없어요.

おつりがありません。
[오츠리가 아리마셍.]

· 카드로 할께요.

クレジットカードで。
[크레짇또 카-도데.]

· 현금으로 할게요.

現金で。
[겡킹데.]

06 트렁크

トランク
[토랑크]

· 트렁크 열어주세요.

トランクを開けてください。
[토랑크오 아케떼쿠다사이.]

· 트렁크 안 열려요.

トランクが開きません。
[토랑크가 아키마셍.]

· 이거 넣는 것 좀
도와주세요.

入れるの手伝ってください。
[이레루노 테츠닫떼 쿠다사이.]

택시 & 버스

07 빨리 가주세요

もう少し早くお願いします
[모- 스코시 하야쿠 오네가이시마스]

TIP '빨리 가주세요'를 직역하면 [하야쿠 잍떼쿠다사이] 이지만, 강한 표현이므로
잘 사용하지 않고, 대신 [모- 스코시 하야쿠 오네가이시마스]를 사용한다.

· 빨리 가주세요.

もう少し早くお願いします。
[모- 스코시 하야쿠 오네가이시마스.]

· 빨리 가주실 수 없나요?

もう少し急いでもらえますか?

[모- 스코시 이소이데 모라에마스까?]

· 빨리 가야 돼요.

早く行かないといけません。

[하야쿠 이카나이토 이케마셍.]

08 세워주세요

止めてください

[토메떼 쿠다사이]

· 여기서 세워주세요.

ここで止めてください。

[코코데 토메떼 쿠다사이.]

· 횡단보도에서 세워주세요.

横断歩道で止めてください。

[오-단호도-데 토메떼 쿠다사이.]

· 모퉁이 돌아서 세워주세요.

角を曲がったとこで止めてください。

[카도오 마갇따 토코데 토메떼 쿠다사이.]

· 한 구역 더 가서
세워주세요.

ひとつ先のとこで止めてください。

[히토츠 사키노 토코데 토메떼 쿠다사이.]

09 잔돈

おつり

[오츠리]

· 잔돈이 부족해요.

おつりが足りません。

[오츠리가 타리마셍.]

· 잔돈은 됐어요.   おつりはいいです。
[오츠리와 이이데스.]

· 동전으로 주세요.   細かいのでください。
[코마카이노데 쿠다사이.]

10 신용 카드 💳   クレジットカード
[크레짇또 카-도]

택시 & 버스

· 신용카드 되나요?   クレジットカード使えますか?
[크레짇또 카-도 츠카에마스까?]

· 현금 있어요.   現金あります。
[겡킹 아리마스.]

· 현금 없어요.   現金持ってません。
[겡킹 몯떼마셍.]

11 영수증 🧾   レシート
[레시-토]

TIP 일본에서 영수증을 뜻하는 단어는 レシート[레시-토]와 領収書[료-슈-쇼]가
있는데, 보통 가게를 이용했을 때 받는 얇은 종이의 영수증을 [레시-또]라고 하
고, 회사 제출용의 간이영수증을 [료-슈-쇼]라고 한다.

· 영수증 주시겠어요?   レシートをもらえますか?
[레시-토오 모라에마스까?]

· 영수증은 됐어요.　レシートはいいです。
[레시-토와 이이데스]

12 버스 정류장  バス停
[바스테-]

· 버스 정류장 어디예요?　バス停はどこですか?
[바스테-와 도코데스까?]

· 버스 정류장 가까워요?　バス停は近いですか?
[바스테-와 치카이데스까?]

· 버스 어디서 탈 수 있어요?　バスはどこで乗れますか?
[바스와 도코데 노레마스까?]

· 버스 정류장 걸어갈 수
  있어요?
バス停まで歩いて行けま
すか?
[바스테-마데 아루이떼 이케마스까?]

13 ○○행 버스 ○○行きバス
[○○유키바스]

· 이거 공항 가는 버스예요?　これ、空港行きのバス
ですか?
[코레 쿠-코-유키노 바스데스까?]

· 이거 ○○역 가는
  버스예요?
これは○○駅行きのバスで
すか?
[코레와 ○○에키유키노 바스데스까?]

14 버스 요금

バス料金
[바스 료-킹]

· 버스 요금이 얼마예요?

バス料金はいくらですか?
[바스료-킹와 이쿠라데스까?]

· 버스 요금 현금으로 내요?

現金で払いますか?
[겡킹데 하라이마스까?]

· 버스 요금은 어떻게 내요?

どうやって払いますか?
[도-얏떼 하라이마스까?]

택시 & 버스

15 반대쪽

反対側
[한타이가와]

· 반대쪽에서 타야 됩니다.

反対側です。
[한타이가와데스.]

· 반대쪽으로 가려면
어디로 가요?

反対側へはどうやって行
きますか?
[한타이가와에와 도-얏떼 이키마스까?]

· 반대쪽 버스가
○○에 가요?

反対側で乗ったら○○に行
きますか?
[한타이가와데 놋따라 ○○니 이키마스까?]

16 기다려요 ✋

待ってください
[맏떼 쿠다사이]

· 얼마나 기다려요?

どのくらい待ちますか?
[도노쿠라이 마치마스까?]

· 10분 기다리세요.

10分待ってください。
[줍뿡 맏떼 쿠다사이.]

· 기다리지 마세요.
여기 안 와요.

戻らないので待たなくて
いいです。
[모도라나이노데 마타나쿠떼 이이데스.]

17 환승 🚏

乗り換え
[노리카에]

· 어디서 환승해요?

どこで乗り換えますか?
[도코데 노리카에마스까?]

· 몇 번으로 환승해요?

何番に乗り換えですか?
[난반니 노리카에데스까?]

18 내려요 🚏

降ります
[오리마스]

· 여기서 내려요.

ここで降ります。
[코코데 오리마스.]

· 어디서 내리면 되나요?　どこで降りればいいですか?
[도코데 오리레바 이이데스까?]

· 여기서 내리는 거 맞아요?　ここで降りるのであって
ますか?
[코코데 오리루노데 앋떼마스까?]

· 내려야 할 때 알려주세요.　降りるときに知らせてくだ
さい。
[오리루토키니 시라세떼 쿠다사이.]

택시
&
버스

19 정거장 　停留所
[테-류-죠]

TIP　일본에서는 '몇 정거장'이란 개념이 특별히 없다.

· 몇 정거장 가야 돼요?　あと何個ですか?
[아토 낭코 데스까?]

· 앞으로 3정거장입니다.　あとみっつです。
[아토 밋츠 데스.]

· 이번 정거장에서
내리나요?　今度で降りればいいですか?
[콘도데 오리레바 이이데스까?]

· 제가 내릴 정거장이에요?　私が降りるところですか?
[와타시가 오리루 토코로데스까?]

위급상황 필요한 단어

01	창문	まど 窓 [마도]
02	문	ドア [도아]
03	돌아가다	とおまわ 遠回りする [토-마와리스루]
04	끼었어요	はさ 挟まりました [하사마리마시따]
05	못 내렸어요	お 降りられませんでした [오리라레마셍데시따]
06	잔돈	おつり [오츠리]
07	벨	ベル [베르]

빨리찾아 말하면 OK!

· 창문 좀 열어도 되죠?　窓開けてもいいですか?
[마도 아케떼모 이이데스까?]

· 창문이 안 열려요.　窓が開きません。
[마도가 아키마셍.]

· 창문에 목이 끼었어요.　窓に首が挟まりました。
[마도니 쿠비가 하사마리마시따.]

· 문이 안 열려요.　ドアが開きません。
[도아가 아키마셍.]

· 옷이 끼었어요.　服が挟まりました。
[후쿠가 하사마리마시따.]

· 왜 돌아가요?　なぜ遠回りするんですか?
[나제 토-마와리 스룬데스까?]

· 돌아가는 거 같은데요!　遠回りしてる気がします!
[토-마와리 시떼루 키가 시마스!]

· 못 내렸어요!

降りられませんでした！

[오리라레마셍 데시따!]

· 여기서 내려야 되는데!

ここで降りなきゃいけな
いのに！

[코코데 오리나캬 이케나이노니!]

· 세워줘요!

止めてください！

[토메떼쿠다사이!]

· 동전은 없어요.

細かいお金がありません。

[코마카이 오카네가 아리마셍.]

· 잔돈 주세요.

おつりください。

[오츠리 쿠다사이.]

· 만엔권이라도 괜찮나요?

一万円札でもいいですか?

[이치망엥사츠데모 이이데스까?]

· 벨 어디 있어요?

ベルはどこですか?

[베르와 도코데스카?]

· 벨 좀 눌러주실래요?

ベル押してもらえますか?

[베르 오시떼 모라에마스까?]

· 벨이 손에 안 닿네요.

ベルに手が届きません。

[베르니 테가 토도키마셍.]

· 벨 눌렀거든요!

ベル押したんですけど！

[베르 오시탄데스케도!]

· 문 좀 열어주세요.　　　ドアを開けてください。
[도아오 아케떼 쿠다사이.]

· 문이 안 열려요.　　　　ドアが開きません。
[도아가 아키마셍.]

· 문이 안 닫혔어요.　　　ドアが閉まりません。
[도아가 시마리마셍.]

· 문에 손이 끼었어요!　　ドアに手が挟まりました！
[도아니 테가 하사마리마시따!]

· 문에 스카프가 끼었어요!　ドアにスカーフが挟まり
　　　　　　　　　　　ました！
[도아니 스카-후가 하사마리마시따!]

· 창문 좀 닫아주실래요?　窓を閉めてもらえますか?
[마도오 시메떼 모라에마스까?]

· 창문 열어도 되나요?　　窓を開けてもいいですか?
[마도오 아케떼모 이이데스까?]

· 창문을 닫을 수가 없어요.　窓を閉めることができませ
　　　　　　　　　　　ん。
[마도오 시메루 코토가 데키마셍.]

· 창문을 열 수가 없어요.　窓を開けることができま
　　　　　　　　　　　せん。
[마도오 아케루 코토가 데키마셍.]

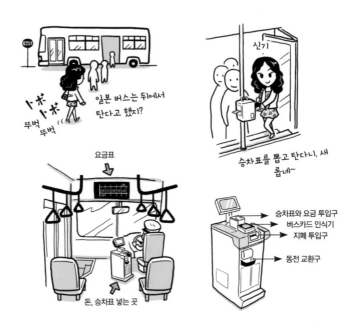

일본 버스는 뒤에서 탄다고 했지?

뚜벅 뚜벅

신기

승차표를 뽑고 탄다니, 새롭네~

요금표

돈, 승차표 넣는 곳

승차표와 요금 투입구
버스카드 인식기
지폐 투입구

동전 교환구

* 일본 버스는 내릴 때 요금을 지불하는 경우가 많다. 또 지폐를 받지 않는 경우도 있는데, 동전이 없거나 부족할 때에는 1000엔 짜리 지폐를 미리 차내에 마련된 동전 교환기를 이용하여 동전으로 환전하고, 하차 시에 동전으로 지불하면 된다. (주의! 1000엔 지폐 이상의 지폐는 교환 안 됨)

どうしよう…
こま
細かいのがない!

어떡하지? 동전이 없어!

지폐를 교환해야겠다

흠..

う～ん…

지폐 넣는곳이
여긴가?

ぱっと 쓰윽

여기가
아닌가봐!

あ! 私のお金!
わたし かね

엄마야! 내 돈!

히잉

がーん
쿠구궁

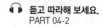
자신 있게 외쳐라~
日本語で話してみよう!
にほんご はな

🎧 듣고 따라해 보세요.
PART 04-2

잠시만요!
ちょっと待ってください!
ま
[춋또 맏테 쿠다사이!]

죄송해요. 동전이 없는데요.
すみません。細かいのないんですが。
こま
[스미마셍. 코마카이노 나인데스가.]

잔돈 거슬러 주시면 안될까요?
おつりもらったらだめですか?
[오츠리 모랃따라 다메데스까?]

호텔 152p   식당 188p   관광 234p   쇼핑 262p   귀국 288p   **131**

PART 05
전철 &
기차에서

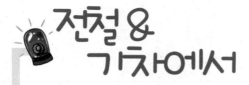
전철 &
기차에서

많은 단어를 알 필요 없다
왜? 말할 게 뻔하니까!

01	○○역	○○駅 [○○에키]
02	신칸센	新幹線 [신칸센]
03	매표소	切符売り場 [킵뿌우리바]
04	발권기	発券機 [학켕키]
05	요금	料金 [료-킹]
06	급행열차	急行 [큐-코-]
07	편도	片道 [카타미치]
08	왕복	往復 [오-후쿠]
09	일일 승차권	一日乗車券 [이치니치 죠-샤켕]
10	○○가는 표	○○行きのチケット [○○유키노 치켇또]

11	시간표	時間表 [지캉효-]
12	승강장	のりば [노리바]
13	환승	乗り換え [노리카에]
14	내려요	降ります [오리마스]
15	몇 호선	何線 [나니센]
16	노선도	路線図 [로센즈]
17	자리	席 [세키]
18	열차 도시락	駅弁 [에키벵]
19	일반석	普通席 [후츠-세키]
20	1등석	いちばんいい席 [이치방 이이세키]

전철 & 기차

빨리찾아 읽으세요

01 ○○역 🚇 ○○駅^{えき}
[○○에키]

> **TIP** 일본에서는 지상철을 전철[덴샤]라고 하고 지하철은 지하철[치카테츠]로 구분한다. 그리고 보통 '○○역[에키]'와 같이 직접적으로 역이름을 넣어 묻는다.

· ○○역은 어디예요?

○○駅^{えき}はどこですか?
[○○에키와 도코데스까?]

· ○○역은 어떻게 가요?

○○駅^{えき}はどうやって行^いきますか?
[○○에키와 도-얕떼 이키마스까?]

· 여기가 ○○역이에요?

ここが○○駅^{えき}ですか?
[코코가 ○○에키데스까?]

· ○○역은 여기서 멀어요?

○○駅^{えき}はここから遠^{とお}いですか?
[○○에키와 코코카라 토-이데스까?]

· ○○역으로 데려다 주세요.

○○駅^{えき}に連^つれて行^いってください。
[○○에키니 츠레테잍떼 쿠다사이.]

· 이 근처에 전철/지하철 역이 있나요?

この近^{ちか}くに電車^{でんしゃ}/地下鉄^{ちかてつ}の駅^{えき}はありますか?
[코노 치카쿠니 덴샤/치카테츠노 에키와 아리마스까?]

02 신칸센

新幹線
[신칸센]

> TIP 신칸센은 일본의 KTX와 같은 교통수단이고, 육로를 이용하는 교통수단 중 가장 비싸다. 일본에서 기차는 외곽지역의 관광용으로 많이 이용한다.

· 신칸센은 어디서 타나요?

新幹線はどこで乗れますか?
[신칸센와 도코데 노레마스까?]

· 신칸센은 여기서 탈 수 있나요?

新幹線はここで乗れますか?
[신칸센와 코코데 노레마스까?]

· 여기에서 신칸센 승강장까지 먼가요?

ここから新幹線の乗り場は遠いですか?
[코코카라 신칸센노 노리바와 토-이데스까?]

· 신칸센 승강장까지 안내해 주실래요?

新幹線の乗り場まで案内してもらえますか?
[신칸센노 노리바마데 안나이시떼 모라에마스까?]

03 매표소 🏳

切符売り場
[킵뿌우리바]

· 매표소 어디예요?

切符売り場はどこですか?
[킵뿌우리바와 도코데스까?]

전철 & 기차

호텔 152p   식당 188p   관광 234p   쇼핑 262p   귀국 288p   **137**

· 매표소 어떻게 가요?

切符売り場はどうやって
行きますか?

[킵뿌우리바와 도-얃떼 이키마스까?]

· 매표소로 데려다 주세요.

切符売り場まで連れて行
ってください。

[킵뿌우리바마데 츠레테잇떼 쿠다사이.]

· 표 살 거예요.

切符買います。

[킵뿌 카이마스.]

04 발권기 ✈|

発券機
[학켕키]

· 발권기 어딨어요?

発券機はどこですか?

[학켕키와 도코데스까?]

· 발권기 어떻게 써요?
(발권기 사용법을 알려주세요.)

発券機の使い方を教えて
ください。

[학켕키노 츠카이카타오 오시에떼쿠다사이.]

· 발권기 안 되는데요.

発券機が使えません。

[학켕키가 츠카에마셍.]

· 발권기 쓰는 것 좀
도와줘요.

発券機を使うの手伝って
ください。

[학켕키오 츠카우노 테츠닫떼 쿠다사이.]

· 표가 안 나와요.

切符がでません。

[킵뿌가 데마셍.]

05 요금

料金
りょうきん
[료-킹]

· 요금 얼마예요?

料金はいくらですか?
りょうきん
[료-킹와 이쿠라데스까?]

· 신용카드 되나요?

クレジットカードは使え
ますか?
つか
[크레짇또 카-도와 츠카에마스까?]

· 현금 없어요.

現金がありません。
げんきん
[겡킹가 아리마셍.]

· 여행자 수표 되나요?

小切手は使えますか?
こ ぎって つか
[코긷떼와 츠카에마스까?]

06 급행열차

急行
きゅうこう
[큐-코-]

> **TIP** 일본의 전철, 지하철의 급행은 추가 요금이 붙지 않으므로, 자유롭게 이용할 수 있다. 단, 내려야 할 역에 급행열차가 정차하는지 확인하고 탑승하도록 하자.

· 여기로 가는
급행열차 있어요?

ここに行く急行はあり
ますか?
い きゅうこう
[코코니 이쿠 큐-코-와 아리마스까?]

· 급행열차 어디서
갈아타요?

急行はどこで乗りかえ
ますか?
きゅうこう の
[큐-코-와 도코데 노리카에마스까?]

· 급행열차 몇 시에 있어요?

急行は何時にありますか?
きゅうこう　なん　じ

· [큐-코-와 난지니 아리마스까?]

07 편도 🚃

片道
かたみち
[카타미치]

· 편도로 2장 주세요.

片道、2枚ください。
かたみち　にまい
[카타미치 니마이 쿠다사이.]

· 편도로 달라고 했어요.

片道です。
かたみち
[카타미치데스.]

· 이거 편도 표 아닌데요.

これ、片道じゃないんで
かたみち
すけど。
[코레 카타미치쟈 나인데스케도.]

· 이거 편도 표 맞아요?

これ、片道の切符ですか?
かたみち　きっ　ぷ
[코레 카타미치노 킵뿌데스까?]

· 이거 편도로 바꿀 수
있어요?

これ、片道に換えられます
かたみち　か
か?
[코레 카타미치니 카에라레마스까?]

08 왕복 🚃

往復
おうふく
[오-후쿠]

· 왕복으로 한 장이요.

往復、一枚ください。
おうふく　いちまい
[오-후쿠 이치마이 쿠다사이.]

· 왕복으로 달라고 했어요.　往復です。
[오-후쿠데스.]

· 이거 왕복 표 아닌데요.　これ、往復じゃないですけ
ど。
[코레 오-후쿠쟈나이데스케도.]

· 이거 왕복 표 맞아요?　これ、往復の切符ですか?
[코레 오-후쿠노 킵뿌데스까?]

· 이거 왕복으로 바꿀 수
있어요?　これ、往復に換えられます
か?
[코레 오-후쿠니 카에라레마스까?]

09 일일 승차권　一日乗車券
[이치니치 죠-샤켕]

· 일일 승차권 주세요.　一日乗車券ください。
[이치니치 죠-샤켕 쿠다사이.]

· 일일 승차권 얼마예요?　一日乗車券は、いくらで
すか?
[이치니치 죠-샤켕와 이쿠라데스까?]

· 일일 승차권은
어떻게 써요?　一日乗車券はどうやって
使うんですか?
[이치니치 죠-샤켕와 도-얃떼 츠카운
데스까?]

10 ○○가는 표

○○行きのチケット
[○○유키노 치켇또]

· (지도 등을 가르키며)
  여기 가는 표 한 장이요.

ここに行くチケット一枚
ください。
[코코니 이쿠 치켇또 이치마이 쿠다사이.]

· 신주쿠역으로 가는
  표 한 장이요.

新宿駅に行くチケット一
枚ください。
[신쥬쿠에키니 이쿠 치켇또 이치마이 쿠다사이.]

· 여기 가는 표 얼마예요?

ここに行くチケットはい
くらですか?
[코코니 이쿠 치켇또와 이쿠라데스까?]

11 시간표

時間表
[지캉효-]

· 시간표 어디서 봐요?

時間表はどこですか?
[지캉효-와 도코데스까?]

· 시간표 보여주세요.

時間表を見せてください。
[지캉효-오 미세떼쿠다사이.]

· 다음 열차는 몇 시에 와
  요?

次の電車は何時に来ます
か？
[츠기노 덴샤와 난지니 키마스까?]

· 시간표 보는 것 좀
도와줘요.

時間表見るの手伝ってく
ださい。

[지캉효-미루노 테츠닫떼 쿠다사이.]

12 승강장

のりば
[노리바]

TIP 승강장은 [노리바] 또는 [호-무] 라고도 한다.

· 1번 승강장 어디예요?

1番のりばはどこですか?
[이치방 노리바와 도코데스까?]

· 승강장을 못 찾겠어요.

のりばが見つかりません。
[노리바가 미츠카리마셍.]

· 승강장으로 데려가 주세요.

のりばまで連れて行って
ください。
[노리바마데 츠레테잍떼 쿠다사이.]

전철 & 기차

13 환승

乗り換え
[노리카에]

· 환승 하는 데 어디예요?

乗り換えはどこですか?
[노리카에와 도코데스까?]

· 환승 여기서 해요?

乗り換えはここですか?
[노리카에와 코코데스까?]

· 여기에 가고 싶은데
환승해야 하나요?

ここに行きたいんです
が、乗り換えしなければ
なりませんか？

[코코니 이키타인데스가 노리카에시나케레
바 나리마셍까?]

· 환승하려면
여기서 내려요?

乗り換えするにはここで
降りるんですか?

[노리카에 스루니와 코코데 오리룬데스까?]

14 내려요

降ります
[오리마스]

· 여기서 내리세요.

ここで降りてください。
[코코데 오리떼쿠다사이.]

· 여기서 내리면 안 됩니다.

ここで降りたらだめです。
[코코데 오리타라 다메데스.]

· 여기서 내리면 되나요?

ここで降りればいいですか?
[코코데 오리레바 이이데스까?]

· 이 역에서 내려주세요.

この駅で降りてください。
[코노 에키데 오리떼 쿠다사이.]

15 몇 호선

何線
なにせん

[나니센]

TIP 일본의 전철/지하철은 우리나라의 1호선, 2호선 처럼 숫자로 되어 있지 않고, 야마노테센, 츄오센 처럼 이름으로 되어 있다.

· 여기 갈 건데 몇 호선 타요?

ここに行きたいんですが、何線に乗ればいいですか?

[코코니 이키타인데스가 나니센니 노레바 이이데스까?]

· 이 노선 타면 여기 가나요?

この線に乗ればここに行きますか?

[코노 센니 노레바 코코니 이키마스까?]

· 이 노선으로 갈아 탈 거예요.

この線に乗り換えたいんです。

[코노 센니 노리카에타인데스.]

전철 & 기차

16 노선도

路線図
ろせんず

[로센즈]

· 노선도는 어디 있나요?

路線図はどこにありますか?

[로센즈와 도코니 아리마스까?]

· 노선도 하나 받을 수 있나요?

路線図ひとつもらえますか?

[로센즈 히토츠 모라에마스까?]

· 노선도 보는 것 좀 도와주세요.

路線図の見方を教えてください。

[로센즈노 미카타오 오시에테 쿠다사이.]

17 자리

席
[세키]

· 자리 있어요?

席ありますか?
[세키 아리마스까?]

· 여기 앉아도 되나요?

ここ座ってもいいですか?
[코코 스왇떼모 이이데스까?]

· 가방 좀 치워 주실래요?
(죄송한데, 가방 좀…)

すみません。かばん ちょっと…
[스미마셍. 카방 춛토...]

> **TIP** 일본에서 직접적으로 '가방을 치워주세요'라는 표현은 강한 표현으로, 잘 사용하지 않는다.

---

18 열차 도시락

駅弁
[에키벵]

> **TIP** 퀄리티도 좋고 종류도 다양한 일본의 열차 도시락, 한 번은 꼭 먹어보자.

· 열차 도시락 있어요?

駅弁、ありますか?
[에키벵 아리마스까?]

· 열차 도시락은 얼마예요?

駅弁はいくらですか?
[에키벵와 이쿠라데스까?]

· 가장 잘 팔리는 열차 도시락 주세요.

いちばん人気の駅弁をく ださい。
[이치방 닌키노 에키벵오 쿠다사이.]

· 여기에서만 파는
열차 도시락 있나요?

ここ限定の駅弁はありま
すか?

[코코 겐테-노 에키벵와 아리마스까?]

19 일반석 🪑

普通席
[후츠-세키]

· 일반석으로 주세요.

普通席ください。
[후츠-세키 쿠다사이.]

· 일반석 남았어요?

普通席空いてますか?
[후츠-세키 아이떼마스까?]

· 일반석은 얼마예요?

普通席はいくらですか?
[후츠-세키와 이쿠라데스까?]

전철
&
기차

20 1등석 💺

いちばんいい席
[이치방 이이세키]

TIP 일본에서 1등석이라는 개념은 이용 열차에 따라 다르다. 따라서 1등석을 이용
하고 싶을 때에는 '가장 좋은 좌석'을 의미하는 [이치방 이이세키]를 달라고 요
청하자.

· 1등석으로 주세요.

いちばんいい席をください。
[이치방 이이세키오 쿠다사이.]

· 1등석은 얼마예요?

いちばんいい席はいくら
ですか?
[이치방 이이세키와 이쿠라데스까?]

호텔 152p   식당 188p   관광 234p   쇼핑 262p   귀국 288p   147

위급상황 필요한 단어

01	잃어버리다	なくす [나쿠스]
02	표	きっ ぷ 切符 [킵뿌]
03	다른 방향	ちが ほうこう 違う方向 [치가우 호-코-]

빨리찾아 말하면 OK!

· 표를 잃어버렸어요.

切符をなくしました。
[킵뿌오 나쿠시마시따.]

· 가방을 잃어버렸어요.

かばんをなくしました。
[카방오 나쿠시마시따.]

· 지하철에 가방을 놓고 내렸어요.

地下鉄にかばんを置き忘れました。
[치카테츠니 카방오 오키와스레마시따.]

· 분실물 센터가 어디예요?

落し物センターはどこですか?
[오토시모노 센타-와 도코데스까?]

· 표 어떻게 넣어요?

切符はどうやって入れるんですか?
[킵뿌와 도-얃떼 이레룬데스까?]

· 표가 안 나와요.

切符が出ません。
[킵뿌가 데마셍.]

· 표를 잘못 샀어요.

切符を間違えて買いました。
[킵뿌오 마치가에떼 카이마시따.]

· 열차 잘못 탔어요.

電車を乗り間違えました。
[덴샤오 노리마치가에마시따.]

· ○○선을 잘못 탔어요.

○○線に乗り間違えました。
[○○셍니 노리마치가에마시따.]

전철 & 기차

호텔 152p   식당 188p   관광 234p   쇼핑 262p   귀국 288p   **149**

자신 있게 외쳐라~
日本語で話してみよう!

🎧 듣고 따라해 보세요.
PART 05-2

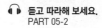

몸이 너무 안 좋은데 자리 좀 양보해 주실래요?

体の調子が悪いので席譲ってもらえますか?

[카라다노 초-시가 와루이노데 세키유즫떼 모라에마스까?]

도와주세요! 치한이에요!

助けてください! 痴漢です!

[타스케떼 쿠다사이! 치칸데스!]

전철에 짐을 놓고 내렸어요!

電車に荷物を忘れて来ました!

[덴샤니 니모츠오 와스레떼 키마시따!]

PART 06

호텔에서

호텔에서

많은 단어를 알 필요 없다
왜? 말할 게 뻔하니까!

01	로비	ロビー [로비-]
02	예약	予約 [요야쿠]
03	체크인	チェックイン [첵쿠잉]
04	침대	ベッド [벧도]
05	전망/경치	景色 [케시키]
06	조식	朝食 [쵸-쇼쿠]
07	얼마	いくら [이쿠라]
08	엘리베이터	エレベーター [에레베-타-]
09	몇 층	何階 [난카이]
10	방 키	部屋の鍵 [헤야노 카기]
11	짐	荷物 [니모츠]

12	신용카드	クレジットカード [크레짙또 카-도]
13	내 방	<ruby>私<rt>わたし</rt></ruby>の<ruby>部屋<rt>へや</rt></ruby> [와타시노 헤야]
14	수건	タオル [타오루]
15	칫솔	<ruby>歯<rt>は</rt></ruby>ブラシ [하부라시]
16	베개	<ruby>枕<rt>まくら</rt></ruby> [마쿠라]
17	드라이기	ドライヤー [도라이야-]
18	욕조	<ruby>浴槽<rt>よくそう</rt></ruby> [요쿠소-]
19	물	<ruby>水<rt>みず</rt></ruby> [미즈]
20	인터넷	インターネット [인타-넫토]
21	텔레비전	テレビ [테레비]
22	청소	<ruby>掃除<rt>そうじ</rt></ruby> [소-지]

호텔

23	모닝콜	モーニングコール [모-닝그 코-르]
24	룸 서비스	ルームサービス [루-무 사-비스]
25	개인금고	こじんきんこ 個人金庫 [코징킹코]
26	세탁	せんたく 洗濯 [센타쿠]
27	얼음	こおり 氷 [코-리]
28	체크아웃	チェックアウト [첵쿠아우토]
29	계산서	かいけいしょ 会計書 [카이케-쇼]
30	추가	ついか 追加 [츠이카]
31	미니바	ミニバー [미니바-]
32	요금	りょうきん 料金 [료-킹]
33	택시	タクシー [타쿠시-]
34	공항	くうこう 空港 [쿠-코-]

빨리찾아 읽으세요

01 로비

ロビー
[로비-]

· 로비가 어디예요?
ロビーはどこですか?
[로비-와 도코데스까?]

· 로비를 못 찾겠는데요.
ロビーが見つかりません。
[로비-가 미츠카리마셍.]

· 로비는 몇 층인가요?
ロビーは何階ですか?。
[로비-와 난카이데스까?]

02 예약

予約
[요야쿠]

· 예약했어요.
予約しました。
[요야쿠시마시따.]

· 예약 안 했어요.
予約してません。
[요야쿠시떼마셍.]

· 이 사이트로 예약했어요.
このサイトで予約しました。
[코노 사이토데 요야쿠시마시따.]

· 예약 제 이름 이시원으로 했어요.
予約は私の名前イ・シウォンでしました。
[요야쿠와 와타시노 나마에 이시원데 시마시따.]

호텔

03 체크인 📝

チェックイン
[첵쿠잉]

· 체크인 하려고요.
チェックインお願いします。
[첵쿠잉 오네가이시마스.]

· 체크인 어디서 해요?
チェックインはどこでしますか?
[첵쿠잉와 도코데 시마스까?]

· 체크인 몇 시에 하나요?
チェックインは何時ですか?
[첵쿠잉와 난지데스까?]

· 체크인 하기 전에 짐 맡아 주세요.
チェックインする前に、荷物を預かってください。
[첵쿠잉스루마에니 니모츠오 아즈칻떼 쿠다사이.]

04 침대 🛏️

ベッド
[벧도]

· 싱글 침대로 주세요.
シングルベッドにしてください。
[싱구루 벧도니 시떼쿠다사이.]

· 더블 침대로 주세요.
ダブルベッドにしてください。
[다부루 벧도니 시떼쿠다사이.]

· 트윈 침대로 주세요.

ツインベッドにしてください。

[츠잉 벧도니 시떼쿠다사이.]

· 트윈 침대를 하나로 붙여줘요.

ツインベッドをくっつけてください。

[츠잉 벧도오 쿳츠케떼 쿠다사이.]

· 제일 큰 침대 주세요.

一番大きいベッドにしてください。

[이치방 오-키- 벧도니 시떼쿠다사이.]

· 제일 큰 침대 있는 방은 얼마예요?

一番大きいベッドがある部屋はいくらですか?

[이치방 오-키- 벧도가 아루 헤야와 이쿠라 데스까?]

05 전망 / 경치 景色
[케시키]

· 바다 경치가 보이는 방으로 주세요.

海の見える部屋でお願いします。

[우미노 미에루 헤야데 오네가이시마스.]

· 도심의 경치가 보이는 방으로 주세요.

都心が見える部屋でお願いします。

[토신가 미에루 헤야데 오네가이시마스.]

· 전망이 좋은 데로 줘요.

景色のいい部屋をでお願いします。

[케시키노 이이 헤야데 오네가이시마스.]

· 전망이 별로예요.

景色があまりよくないです。
[케시키가 아마리 요쿠 나이데스.]

06 조식 🍴

朝食
[쵸-쇼쿠]

· 조식은 어디서 먹어요?

朝食はどこで食べますか?
[쵸-쇼쿠와 도코데 타베마스까?]

· 조식은 몇 시예요?

朝食は何時ですか?
[쵸-쇼쿠와 난지 데스까?]

· 조식으로 뭐가 있죠?

朝食は何が出ますか?
[쵸-쇼쿠와 나니가 데마스까?]

· 조식 몇 시까지예요?

朝食は何時までですか?
[쵸-쇼쿠와 난지 마데데스까?]

· 조식 추가할 수 있나요?

朝食の追加できますか?
[쵸-쇼쿠노 츠이카 데키마스까?]

07 얼마 💰?

いくら
[이쿠라]

· 1박에 얼마예요?

一泊でいくらですか?
[입빠쿠데 이쿠라데스까?]

· 2박에 얼마예요?

二泊でいくらですか?
[니하쿠데 이쿠라데스까?]

· 할인 받을 수 있어요?

割引できますか?
[와리비키 데키마스까?]

· 조식 포함하면 얼마예요?

朝食込みでいくらですか?
[쵸-쇼쿠 코미데 이쿠라데스까?]

· 업그레이드 하면
  얼마예요?

アップグレードするとい
くらですか?
[압쁘그레-도 스루토 이쿠라데스까?]

08 엘리베이터 🗑

エレベーター
[에레베-타-]

· 엘레베이터 어디 있어요?

エレベーターはどこですか?
[에레베-타-와 도코데스까?]

· 엘리베이터가 안 열려요.

エレベーターが開きません。
[에레베-타-가 아키마셍.]

· 로비 가려고요.

ロビーに行きたいんです。
[로비-니 이키타인데스.]

호텔

호텔 152p   식당 188p   관광 234p   쇼핑 262p   귀국 288p   **161**

09 몇 층 😊?

何階
[난카이]

· 제 방 몇 층이에요?
私の部屋は何階ですか?
[와타시노 헤야와 난카이데스까?]

· 얼음 몇 층에 있어요?
氷は何階にありますか?
[코-리와 난카이니 아리마스까?]

· 자판기 몇 층에 있어요?
自販機は何階にありますか?
[지한키와 난카이니 아리마스까?]

· 세탁기는 몇 층에 있어요?
洗濯機は何階にありますか?
[센타쿠키와 난카이니 아리마스까?]

· 대욕탕은 몇 층에 있어요?
大浴場は何階ありますか?
[다이요쿠죠-와 난카이니 아리마스까?]

· 노천탕은 몇 층에 있어요?
露天風呂は何階あります
か?
[로텐부로와 난카이니 아리마스까?]

· 1층이에요.
一階です。
[잇카이데스.]

· 2층이에요.
二階です。
[니카이데스.]

· 3층이에요.
三階です。
[상가이데스.]

· 4층이에요.
四階です。
[용카이데스.]

10 방 키 🔑

部屋の鍵
[헤야노 카기]

· 방 키 하나 더 주세요.

部屋の鍵もうひとつ
ください。
[헤야노 카기 모-히토츠 쿠다사이.]

· 방 키 없어졌어요.

部屋の鍵をなくしました。
[헤야노 카기오 나쿠시마시따]

· 방 키가 안 돼요.

部屋の鍵が使えません。
[헤야노 카기가 츠카에마셍.]

· 방 키 어떻게 꽂아요?

部屋の鍵はどうやってさ
しますか?
[헤야노 카기와 도-얕떼 사시마스까?]

· 키를 방 안에 두고
나왔습니다.

鍵を部屋の中に置き忘れ
ました。
[카기오 헤야노 나카니 오키와스레마시따.]

11 짐 🧳

荷物
[니모츠]

· 짐 맡길 수 있어요?

荷物、預けられますか?
[니모츠 아즈케라레마스까?]

· 짐 방까지 옮겨줄 수
있어요?

荷物、部屋まで運んでも
らえますか?
[니모츠 헤야마데 하콘데 모라에마스까?]

호텔

· 이거 제 짐이 아니에요.

これ、私の荷物じゃありません。

[코레 와타시노 니모츠쟈 아리마셍.]

· 제 짐이 없어졌어요.

私の荷物がなくなりました。

[와타시노 니모츠가 나쿠나리마시따.]

· 제 짐 찾아주세요.

私の荷物を探してください。

[와타시노 니모츠오 사가시떼 쿠다사이.]

· 체크인 하기 전에
 짐 맡길 수 있나요?

チェックインする前に荷物を預けられますか？

[첵쿠잉 스루마에니 니모츠오 아즈케라레마스까?]

12 신용 카드 💳

クレジットカード

[크레짇또 카-도]

· 신용카드 되나요?

クレジットカード使えますか?

[크레짇또 카-도 츠카에마스까?]

· 신용카드 안 긁혀요.

クレジットカードが使えません。

[크레짇또 카-도가 츠카에마셍.]

· 다른 신용카드 없어요.

他のカードがありません。

[호카노 카-도가 아리마셍.]

· 한번 더 긁어봐 주세요.　　もう一度お願いします。
[모-이치도 오네가이 시마스.]

· 현금 없어요.　　現金がありません。
[겡킹가 아리마셍.]

· 현금으로 할게요.　　現金で。
[겡킹데.]

· 일시불로 해 주세요.　　一括払いでお願いします。
[익카츠바라이데 오네가이시마스.]

· 할부로 해 주세요.　　分割払いでお願いします。
[붕카츠바라이데 오네가이시마스.]

호텔

13 내방 　私の部屋
[와타시노 헤야]

· 내 방이 어디죠?　　私の部屋はどこですか?
[와타시노 헤야와 도코데스까?]

· 방을 못 찾겠어요.　　部屋が見つかりません。
[헤야가 미츠카리마셍.]

· 방이 어두워요.　　部屋が暗いです。
[헤야가 쿠라이데스.]

· 방이 너무 더워요.　　部屋が暑すぎます。
[헤야가 아츠스기마스.]

· 방이 너무 추워요.　　部屋が寒すぎます。
[헤야가 사무스기마스.]

· 방이 너무 더러워요.　　部屋がすごく汚いです。
[헤야가 스고쿠 키타나이데스.]

· 방에서 냄새나요.　　部屋で変な臭いがします。
[헤야데 헨나 니오이가 시마스.]

· 방을 바꿔 주시겠습니까?　　部屋を替えていただけますか?
[헤야오 카에떼 이타다케마스까?]

· 좀 더 넓은 방은 없습니까?　　もう少し広い部屋はありませんか?
[모- 스코시 히로이 헤야와 아리마셍까?]

14 수건 ⊜　　タオル
[타오루]

· 수건 더 주세요.　　タオルをもっとください。
[타오루오 몯또 쿠다사이.]

· 수건 없어요.　　タオルがありません。
[타오루가 아리마셍.]

· 수건 더러워요.　　　　　タオルが汚いです。
[타오루가 키타나이데스.]

· 수건 깨끗한 걸로 주세요.　きれいなタオルをください。
[키레이나 타오루오 쿠다사이.]

· 큰 수건으로 주세요.　　　バスタオルください。
[바스타오루 쿠다사이.]

15 칫솔 🪥

歯ブラシ
[하부라시]

· 칫솔 없어요.　　　　　　歯ブラシがありません。
[하부라시가 아리마셍.]

· 칫솔 주세요.　　　　　　歯ブラシください。
[하부라시 쿠다사이.]

· 칫솔 하나 더 주세요.　　歯ブラシをもうひとつく
　　　　　　　　　　　　ださい。
[하부라시오 모-히토츠 쿠다사이.]

· 치약 주세요.　　　　　　歯磨き粉をください。
[하미가키코오 쿠다사이.]

· 어린이용 칫솔 주세요.　　子供用の歯ブラシください。
[코도모요-노 하부라시 쿠다사이.]

호텔

· 어린이용 치약 있어요?

子供用の歯磨き粉、あり
ますか?

[코도모요-노 하미가키코 아리마스까?]

· 부드러운 칫솔 없나요?

やわらかい歯ブラシはあ
りませんか?

[야와라카이 하부라시와 아리마셍까?]

· 치실 있어요?

デンタルフロスありますか?

[덴타르 흐로스 아리마스까?]

16 베개

枕
[마쿠라]

· 베개 하나 더 주세요.

枕をもうひとつください。

[마쿠라오 모-히토츠 쿠다사이.]

· 베개가 너무 딱딱해요.

枕が硬すぎます。

[마쿠라가 카타스기마스.]

· 베개가 너무 높아요.

枕が高すぎます。

[마쿠라가 타카스기마스.]

· 베개가 너무 낮아요.

枕が低すぎます。

[마쿠라가 히쿠스기마스.]

· 베개 큰 거 있어요?

大きい枕、ありますか?

[오-키- 마쿠라 아리마스까?]

17 드라이기

ドライヤー
[도라이야-]

· 드라이기 주세요.

ドライヤーください。
[도라이야- 쿠다사이.]

· 드라이기 없어요.

ドライヤーがありません。
[도라이야-가 아리마셍.]

· 드라이기 고장났어요.

ドライヤーが壊れました。
[도라이야-가 코와레마시따.]

· 드라이기 잘 안 돼요.

ドライヤーが使えません。
[도라이야-가 츠카에마셍.]

18 욕조

浴槽
[요쿠소-]

· 욕조가 더러워요.

浴槽が汚いです。
[요쿠소-가 키타나이데스.]

· 욕조 닦아주세요.

浴槽を磨いてください。
[요쿠소-오 미가이떼 쿠다사이.]

· 욕조의 물이 안 빠져요.

浴槽のお湯が抜けません。
[요쿠소-노 오유가 누케마셍.]

호텔

19 물 🥤

水
[미즈]

· 물이 안 나와요.
水が出ません。
[미즈가 데마셍.]

· 물이 뜨거워요.
水が熱いです。
[미즈가 아츠이데스.]

· 물이 차가워요.
水が冷たいです。
[미즈가 츠메타이데스.]

· 물 온도 조절이 안 돼요.
水の温度調節ができ
ません。
[미즈노 온도 쵸-세츠가 데키마셍.]

· 샤워기에서 물이 안 나와요.
シャワーから水が出ません。
[샤와-카라 미즈가 데마셍.]

· 변기 물이 안 내려가요.
便器の水が流れません。
[벵키노 미즈가 나가레마셍.]

20 인터넷 📶

インターネット
[인타-넽토]

· 인터넷 안 돼요.
インターネットがつなが
りません。
[인타-넽토가 츠나가리마셍.]

· 인터넷 할 수 있는 데 어디예요?

インターネットが使(つか)える とこはどこですか?
[인타-넷토가 츠카에루 토코와 도코데스까?]

· 랜선이 없어요.

LAN線(せん)がありません。
[란센가 아리마셍.]

· 와이파이가 안 터져요.

Wi-fiがつながりません。
[와이화이가 츠나가리마셍.]

· 와이파이 터지는 데 어디예요?

Wi-fiが使(つか)えるとこはどこ ですか?
[와이화이가 츠카에루 토코와 도코데스까?]

· 컴퓨터 쓸 수 있는 데 어디예요?

コンピューターが使(つか)える とこはどこですか?
[콤퓨-타-가 츠카에루 토코와 도코데스까?]

21 텔레비전 📺

テレビ
[테레비]

· 텔레비전이 안 나와요.

テレビが映(うつ)りません。
[테레비가 우츠리마셍.]

· 케이블이 안 나와요.

ケーブルテレビが映(うつ)りま せん。
[케-부루 테레비가 우츠리마셍.]

· 리모컨이 안 돼요.

リモコンが使(つか)えません。
[리모콩가 츠카에마셍.]

· 음량 조절 어떻게 해요?　音量調節はどうやるんですか?

[온료-쵸-세츠와 도-야룬데스까?]

· 채널 변경이 안 돼요.　チャンネル変更ができません。

[찬네루 헹코-가 데키마셍.]

22 청소　掃除

[소-지]

· 청소해 주세요.　掃除お願いします。

[소-지 오네가이시마스.]

· 청소가 안 되어 있어요.　掃除されていません。

[소-지 사레떼이마셍.]

· 청소 안 해주셔도 됩니다.　掃除しなくてもいいです。

[소-지 시나쿠떼모 이이데스.]

· 오후에 청소해 주세요.　午後に掃除をお願いします。

[고고니 소-지오 오네가이시마스.]

· 화장실 청소가 안 되어 있어요.　トイレ掃除ができていません。

[토이레 소-지가 데키떼이마셍.]

· 쓰레기통이 안 비워져 있어요.　ゴミ箱が空になっていません。

[고미바코가 카라니 낟떼 이마셍.]

23 모닝콜

モーニングコール
[모-닝그 코-르]

· 모닝콜 해주세요.

モーニングコールお願いします。
[모-닝그 코-르 오네가이시마스.]

· 7시에 해주세요.

7時にお願いします。
[시치지니 오네가이 시마스.]

· 모닝콜 취소할게요.

モーニングコール、キャンセルしてください。
[모-닝그 코-루 캰세루 시떼쿠다사이.]

· 모닝콜 연달아 두 번 해주세요.

モーニングコール、二回お願いします。
[모-닝그 코-루 니카이 오네가이시마스.]

호텔

24 룸 서비스

ルームサービス
[루-무 사-비스]

· 룸 서비스 시킬게요.

ルームサービスお願いします。
[루-무 사-비스 오네가이시마스.]

· 룸 서비스 메뉴 보고 싶어요.

ルームサービスのメニューを見たいのですが。
[루-무 사-비스노 메뉴-오 미타이노데스가.]

· 룸 서비스로 아침 갖다 주세요.

ルームサービスで朝食を
お願いします。
[루–무 사–비스데 쵸–쇼쿠오 오네가이 시마스.]

· 룸 서비스로 와인 갖다 주세요.

ルームサービスでワイン
をお願いします。
[루–무 사–비스데 와잉오 오네가이시마스.]

25 개인금고 📠

個人金庫
[코징킹코]

· 개인금고 어떻게 써요?

個人金庫はどうやって使
いますか?
[코징킹코와 도–얕떼 츠카이마스까?]

· 개인금고 안 열려요.

個人金庫が開きません。
[코징킹코가 아키마셍.]

· 개인금고에 뭐가 있어요.

個人金庫になにか入って
ます。
[코징킹코니 나니카 하읻떼마스.]

26 세탁 📠

洗濯
[센타쿠]

· 세탁 서비스 신청할게요.

ランドリーサービスをお
願いします。
[란도리– 사–비스오 오네가이시마스.]

TIP 세탁은 [센타쿠]라고 하지만 세탁 서비스를 요청할 때에는 [란도리- 사-비스]
라고 한다.

· 세탁 서비스 언제 와요? | ランドリーサービスはい つ来ますか?
[란도리-사-비스와 이츠 키마스까?]

· 세탁물이 망가졌어요. | 洗濯ものがだめになりま した。
[센타쿠 모노가 다메니 나리마시타.]

27 얼음 🎲

氷
[코-리]

· 얼음 있나요? | 氷、ありますか?
[코-리, 아리마스까?]

· 얼음이 없어요. | 氷がありません。
[코-리가 아리마셍.]

· 얼음 어디서 가져와요? | 氷はどこから持ってきま すか?
[코-리와 도코카라 몯떼 키마스까?]

· 얼음 좀 갖다 주세요. | 氷お願いします。
[코-리 오네가이시마스.]

호텔

28 체크아웃 🧳

チェックアウト
[첵쿠아우토]

· 체크아웃 할게요.
チェックアウトします。
[첵쿠아우토 시마스.]

· 체크아웃 몇 시예요?
チェックアウトは何時ですか?
[첵쿠아우토와 난지 데스까?]

· 하루 더 연장할게요.
一日延長してください。
[이치니치 엔쵸- 시떼쿠다사이.]

· 체크아웃 좀 있다 할게요.
チェックアウトは、もうちょっと後にします。
[첵쿠아우토와 모-춃토 아토니 시마스.]

29 계산서 📋

会計書
[카이케-쇼]

· 계산서 보여주세요.
会計書、見せてください。
[카이케-쇼 미세떼 쿠다사이.]

· 계산서 틀렸어요.
会計書、間違っています。
[카이케-쇼 마치갇떼이마스.]

· 자세한 계산서 보여주세요.
もっと詳細な会計書見せてください。
[몯또 쇼-사이나 카이케-쇼 미세떼쿠다사이.]

30 추가 ✚

追加
[츠이카]

· 추가 요금이 붙었는데요.

追加料金がありますが。
[츠이카 료-킹가 아리마스가.]

· 어떤 게 추가된 거예요?

何が追加されたんですか?
[나니가 츠이카 사레탄데스까?]

· 이 추가 요금 설명해주세요.

この追加料金を説明して
ください。
[코노 츠이카 료-킹오 세츠메-시떼 쿠다사이.]

31 미니바 🔲

ミニバー
[미니바-]

· 미니바 이용 안 했는데요.

ミニバーは利用していま
せん。
[미니바-와 리요-시떼이마셍.]

· (미니바에서) 물만 마셨어
요.

水だけ飲みました。
[미즈다케 노미마시따.]

· (미니바에서) 맥주만
마셨어요.

ビールだけ飲みました。
[비-루다케 노미마시따.]

· (미니바) 요금이 잘못 됐어
요.

料金が間違っています。
[료-킹가 마치갇떼이마스.]

32 요금

料金
[료-킹]

· 이 요금은 뭐죠?

この料金はなんですか?
[코노 료-킹와 난데스까?]

· 요금이 더 나온 거 같은데요.

余計な料金が追加されてるんですが。
[요케-나 료-킹가 츠이카 사레떼룬데스가.]

· 요금 합계가 틀렸어요.

合計額が間違っています。
[고-케-가쿠가 마치갇떼 이마스.]

33 택시

タクシー
[타쿠시-]

· 택시 좀 불러주세요.

タクシーを呼んでください。
[타쿠시-오 욘데 쿠다사이.]

· 택시 비싼가요?

タクシーは高いですか?
[타쿠시-와 타카이데스까?]

· 택시로 어디 가시게요?

タクシーでどこに行くんですか?
[타쿠시-데 도코니 이쿤데스까?]

34 공항 ✈

空港
[쿠-코-]

· 공항 갈 거예요.

空港に行きます。
[쿠-코-니 이키마스.]

· 공항 가려면 뭐 타요?

空港に行くには何に乗れ
ばいいですか?
[쿠-코-니 이쿠니와 나니니 노레바 이이
데스까?]

· 공항 가는 버스 있어요?

空港行きのバスはありま
すか?
[쿠-코-유키노 바스와 아리마스까?]

호텔

위급상황 필요한 단어

01	고장이에요	こ しょう 故障です [코쇼-데스]
02	안 열려요	あ 開きません [아키마셍]
03	갇혔어요	と こ 閉じ込められました [토지코메라레마시따]
04	잃어버렸어요	な 失くしました [나쿠시마시따]
05	안 나와요	で 出てきません [데떼키마셍]
06	도둑맞았어요	どろぼう あ 泥棒に遭いました [도로보-니 아이마시따]
07	아파요	いた 痛いです [이타이데스]
08	응급차	きゅうきゅうしゃ 救急車 [큐-큐-샤]

빨리찾아 말하면 OK!

· 드라이어가 고장이에요. ドライヤーが故障しました。
[도라이야ー가 쿄쇼ー시마시따.]

· 텔레비전이 고장이에요. テレビが故障しました。
[테레비가 쿄쇼ー시마시따.]

· 컴퓨터가 고장이에요. コンピューターが故障しました。
[콤퓨ー타ー가 쿄쇼ー시마시따.]

· 전화기가 고장이에요. 電話が故障しました。
[뎅와가 쿄쇼ー시마시따.]

· 샤워기가 고장이에요. シャワーが故障しました。
[샤와ー가 쿄쇼ー시마시따.]

· 비데가 고장이에요. ビデが故障しました。
[비데가 쿄쇼ー시마시따.]

· 문이 안 열려요. ドアが開きません。
[도아가 아키마셍.]

· 화장실 문이 안 열려요. トイレのドアが開きません。
[토이레노 도아가 아키마셍.]

호텔

· 금고가 안 열려요.　　　金庫が開きません。
[킹코가 아키마셍.]

· 커튼이 안 열려요.　　　カーテンが開きません。
[카-텐가 아키마셍.]

· 방에 갇혔어요.　　　部屋に閉じ込められました。
[헤야니 토지코메라레마시따.]

· 엘리베이터에 갇혔어요.　　　エレベーターに閉じ込められました。
[에레베-타-니 토지코메라레마시따.]

· 화장실에 갇혔어요.　　　トイレに閉じ込められました。
[토이레니 토지코메라레마시따.]

· 방 키를 잃어버렸어요.　　　部屋の鍵をなくしました。
[헤야노 카기오 나쿠시마시따.]

· 쿠폰을 잃어버렸어요.　　　クーポンをなくしました。
[쿠-퐁오 나쿠시마시따.]

· 여권을 잃어버렸어요.　　　パスポートをなくしました。
[파스포-토오 나쿠시마시따.]

· 전화기를 잃어버렸어요.　携帯をなくしました。
[케-타이오 나쿠시마시따.]

· 노트북을 잃어버렸어요.　ノートパソコンをなくしました。
[노-토파소콩오 나쿠시마시따.]

· 신발을 잃어버렸어요.　靴をなくしました。
[쿠츠오 나쿠시마시따.]

· 귀중품을 잃어버렸어요.　貴重品をなくしました。
[키쬬-힝오 나쿠시마시따.]

· 엘리베이터가 안 와요.　エレベーターが来ません。
[에레베-타-가 키마셍.]

· 식사가 안 나왔는데요.　食事がでてないんですが。
[쇼쿠지가 데떼나인데스가.]

· 룸 서비스가 안 왔는데요.　ルームサービスが来ないんですが。
[루-무 사-비스가 코나인데스가.]

· 세탁 서비스가 안 와요.　ランドリーサービスが来ません。
[란도리-사-비스가 키마셍.]

호텔

· 물이 안 나와요.

水が出ません。
[미즈가 데마셍.]

· 케이블이 안 나와요.

ケーブルテレビが映りません。
[케-부루 테레비가 우츠리마셍.]

· 도둑맞았어요.

泥棒に遭いました。
[도로보-니 아이마시따.]

· 가방 도둑맞았어요.

かばんを盗まれました。
[카방오 누수마레마시따.]

· 짐 도둑맞았어요.

荷物を盗まれました。
[니모츠오 누수마레마시따.]

· 금고 도둑맞았어요.

金庫の中身が盗まれました。
[킹코노 나카미가 누수마레마시따.]

· 속이 안 좋아요.

胃の調子がよくありません。
[이노 쵸-시가 요쿠아리마셍.]

· 배가 아파요.

お腹が痛いです。
[오나카가 이타이데스.]

· 머리가 아파요. 　　　　　頭が痛いです。
[아타마가 이타이데스.]

· 팔이 부러졌어요. 　　　　腕の骨が折れました。
[우데노 호네가 오레마시따.]

· 다리가 부러졌어요. 　　　足の骨が折れました。
[아시노 호네가 오레마시따.]

· 응급차 불러주세요. 　　　救急車を呼んでくだ
さい。
[큐-큐-샤오 욘데 쿠다사이.]

호텔

すみません。
ごめんなさい。

大丈夫です。
気にしないでください。

인자

죄송해요.
죄송합니다..

괜찮습니다. 신경 쓰지 마세요.

드라이가가..
죄송

あの〜
짐좀..

はい
かしこまりました。

하하..

👍 자신 있게 외쳐라~
日本語で話してみよう!

호텔

🎧 듣고 따라해 보세요.
PART 06-2

드라이기가 고장났어요.

ドライヤーが壊れました。

[도라이야-가 코와레마시따.]

· 냉장고 冷蔵庫 [레-조-코]   · 에어컨 エアコン[에아콘]
· 텔레비전 テレビ [테레비]

처음부터 고장나 있었어요.

最初から壊れてました。

[사이쇼카라 코와레테마시따.]

짐 좀 맡아주실 수 있어요?

荷物少し預かってもらえますか?

[니모츠 스코시 아즈칸떼 모라에마스카?]

PART 07
식당에서

식당에서

많은 단어를 알 필요 없다
왜? 말할 게 뻔하니까!

01	2명	二人 ふたり [후타리]
02	예약	予約 よやく [요야쿠]
03	테이블	テーブル [테-브루]
04	점원	店員 てんいん [테-잉]
05	주문	注文 ちゅうもん [츄-몽]
06	메뉴	メニュー [메뉴-]
07	추천	おすすめ [오스스메]
08	에피타이저	前菜 ぜんさい [젠사이]
09	수프	スープ [스-프]
10	샐러드	サラダ [사라다]
11	스테이크	ステーキ [스테-끼]

기내 46p   공항 66p   거리 92p   택시&버스 112p   전철&기차 132p

12	해산물	シーフード [시-후-도]
13	닭	とりにく 鶏肉 [토리니쿠]
14	소스	ソース [소-스]
15	나무젓가락	わりばし [와리바시]
16	숟가락	スプーン [스푸-웅]
17	포크	フォーク [훠-크]
18	나이프	ナイフ [나이후]
19	디저트	デザート [데자-토]
20	음료	ドリンク [도링쿠]
21	휴지	ティッシュ [팃슈]
22	냅킨	ナプキン [나프킹]

식당

23	계산서	<ruby>会計書<rt>かいけいしょ</rt></ruby> [카이케-쇼]
24	신용카드	クレジットカード [크레짇또 카-도]
25	세트	セット [셋또]
26	단품	<ruby>単品<rt>たんぴん</rt></ruby> [탐핑]
27	햄버거	ハンバーガー [함바-가-]
28	감자튀김	ポテト [포테토]
29	콜라	コーラ [코-라]
30	가게에서 먹을 거예요	<ruby>店内<rt>てんない</rt></ruby>で<ruby>食<rt>た</rt></ruby>べます [텐나이데 타베마스]
31	포장이요	<ruby>持<rt>も</rt></ruby>ち<ruby>帰<rt>かえ</rt></ruby>ります [모치카에리마스]
32	얼음	<ruby>氷<rt>こおり</rt></ruby> [코-리]
33	빨대	ストロー [스토로-]

34	뜨거운	ホット [홋또]
35	차가운	アイス [아이스]
36	우유	牛乳 (ぎゅうにゅう) [규-뉴-]
37	시럽	シロップ [시롭뻐]
38	휘핑크림	ホイップクリーム [호입쁘 크리-무]
39	사이즈	サイズ [사이즈]
40	추가	追加 (ついか) [츠이카]
41	케이크	ケーキ [케-키]
42	샌드위치	サンドイッチ [산도잇치]
43	베이글	ベーグル [베-그르]
44	와이파이	wi-fi [와이화이]
45	화장실	トイレ [토이레]

식당

빨리찾아 읽으세요

01 2명 👥

二人
[후타리]

· 2명이요.	二人です。 [후타리데스.]
· 혼자예요.	一人です。 [히토리데스.]

02 예약 🐍

予約
[요야쿠]

· 예약했어요.	予約しました。 [요야쿠 시마시따.]
· 예약 안 했어요.	予約していません。 [요야쿠 시떼이마셍.]
· 2명으로 예약했어요.	二人予約しました。 [후타리 요야쿠 시마시따.]
· 이시원으로 예약했어요.	イ・シウォンで予約しました。 [이시원데 요야쿠 시마시따.]

03 테이블 ♈ テーブル
[테-부루]

· 테이블이 더러워요.
テーブルが汚いです。
[테-부루가 키타나이데스.]

· 테이블 닦아줘요.
テーブルを拭いてください。
[테-부루오 후이테 쿠다사이.]

· 테이블 흔들거려요.
テーブルがガタガタします。
[테-부루가 가타가타시마스.]

· 테이블 너무 좁아요.
テーブルが狭いです。
[테-부루가 세마이데스.]

· 다른 자리로 주세요.
他の席にしてください。
[호카노 세키니 시떼 쿠다사이.]

· 창가 자리로 주세요.
窓側の席をください。
[마도가와노 세키오 쿠다사이.]

· 금연석으로 주세요.
禁煙席で。
[킹엥세키데.]

· 흡연석으로 주세요.
喫煙席で。
[키츠엥세키데.]

식당

04 점원

店員
[텐인]
[테-잉]

· 여기요!	すみません。 [스미마셍.]
· 점원을 불러줘요.	店員を呼んでください。 [테-잉오 욘데 쿠다사이.]
· 매니저를 불러줘요.	マネージャーを呼んでください。 [마네-쟈-오 욘데 쿠다사이.]
· 매니저랑 얘기할래요.	マネージャーと話したいんですが。 [마네-쟈-또 하나시따인데스가.]

05 주문

注文
[츄몬]
[츄-몽]

· 주문할게요.	注文します。 [츄-몽시마스.]
· 주문하시겠어요?	注文なさいますか? [츄-몽 나사이마스까?]
· 주문했는데요.	注文しました。 [츄-몽 시마시따.]

· 주문 오래 전에 했어요.

だいぶ前に注文しました。

[다이부 마에니 츄-몽 시마시따.]

06 메뉴

メニュー

[메뉴-]

· 메뉴 어떤 걸로 하실래요?

メニューは何になさいますか?

[메뉴-와 나니니 나사이마스까?]

· 특별한 메뉴가 있나요?

特別なメニューがありますか?

[토쿠베츠나 메뉴-가 아리마스까?]

· 오늘의 메뉴는 뭐죠?

今日のメニューは何ですか?

[쿄-노 메뉴-와 난데스까?]

· 메뉴 잘못 나왔어요.

これ頼んだのと違います。

[코레 타논다노또 치가이마스.]

· 한국어 메뉴는 없나요?

韓国語のメニューはありませんか?

[캉코쿠고노 메뉴-와 아리마셍까?]

· 메뉴를 보여주세요.

メニューを見せてください。

[메뉴-오 미세떼 쿠다사이.]

· 저것과 같은 요리를 주세요.

あれと同じ料理をください。

[아레토 오나지 료-리오 쿠다사이.]

식당

07 추천 👍

おすすめ
[오스스메]

· 추천해 줄 메뉴라도?

おすすめのメニューは?
[오스스메노 메뉴-와?]

· 메뉴 추천해주실래요?

おすすめは何ですか?
[오스스메와 난데스까?]

· 이 둘 중에 뭘 추천해요?

二つのうち、どれがおす
すめですか?
[후타쯔노 우치, 도레가 오스스메데스까?]

· 와인 추천해주세요.

おすすめのワインはなん
ですか?
[오스스메노 와잉와 난데스까?]

08 에피타이저

前菜
[젠사이]

· 에피타이저는 어떤 걸로
하실래요?

前菜は何になさいますか?
[젠사이와 나니니 나사이마스까?]

· 에피타이저가 비싸네요.

前菜が高いですね。
[젠사이가 타카이데스네.]

· 에피타이저 추천해
주실래요?

おすすめの前菜は何ですか?
[오스스메노 젠사이와 난데스까?]

· 에피타이저 가벼운 걸로
추천해 주실래요?
(가볍게 먹을 수 있는 에피타
이저를 추천해 주세요.)

<ruby>軽<rt>かる</rt></ruby>く<ruby>食<rt>た</rt></ruby>べられる<ruby>前菜<rt>ぜんさい</rt></ruby>をお
すすめしてください。
[카루쿠 타베라레루 젠사이오 오스스메시떼
쿠다사이.]

09 수프 🍳

スープ
[스-프]

· 수프는 어떤 게 있죠?

スープは<ruby>何<rt>なに</rt></ruby>がありますか?
[스-프와 나니가 아리마스까?]

· 오늘의 수프는 뭐예요?

<ruby>今日<rt>きょう</rt></ruby>のスープは<ruby>何<rt>なん</rt></ruby>ですか?
[쿄-노 스-프와 난데스까?]

· 수프가 너무 뜨거워요.

スープがとても<ruby>熱<rt>あつ</rt></ruby>いです。
[스-프가 토테모 아츠이데스.]

· 수프가 너무 차가워요.

スープがとても<ruby>冷<rt>つめ</rt></ruby>たいです。
[스-프가 토테모 츠메따이데스.]

· 수프 대신 샐러드 주세요.

スープの<ruby>代<rt>か</rt></ruby>わりにサラダ
をください。
[스-프노 카와리니 사라다오 쿠다사이.]

10 샐러드 🥗

サラダ
[사라다]

· 샐러드도 있어요?

サラダもありますか?
[사라다모 아리마스까?]

식당

· 샐러드 종류가 어떻게 되나요?

サラダの種類は何がありますか?
[사라다노 슈루이와 나니가 아리마스까?]

· 샐러드 대신 수프로 주세요.

サラダの代わりにスープをください。
[사라다노 카와리니 스-프오 쿠다사이.]

· 그냥 기본 샐러드 주세요.

普通のサラダをください。
[후츠-노 사라다오 쿠다사이.]

· 샐러드 드레싱은 뭐가 있어요?

ドレッシングは何がありますか?
[도렛싱구와 나니가 아리마스까?]

· 샐러드 드레싱은 따로 주세요.

ドレッシングは別にください。
[도렛싱구와 베쯔니 쿠다사이.]

· 제 샐러드 아직 안 나왔어요.

私のサラダがまだ出てきてません。
[와타시노 사라다가 마다 데테키떼마셍.]

11 스테이크

ステーキ
[스테-끼]

· 스테이크로 할게요.

ステーキにします。
[스테-끼니 시마스.]

· 스테이크 굽기는 어떻게 해드릴까요?

ステーキの焼き具合はどうしますか?
[스테-끼노 야키구아이와 도-시마스까?]

· 레어로 해주세요.

レアで。
[레아데.]

· 미디엄으로 해주세요.

ミディアムで。
[미디아무데.]

· 웰던으로 해주세요.

ウェルダンで。
[웨르단데.]

· 이거 너무 익었어요.

焼きすぎです。
[야키스기데스.]

· 이거 너무 덜 익었어요.

きちんと焼けてません。
[키칭또 야케떼마셍.]

12 해산물

シーフード
[시-후-도]

· 해산물 요리로 할게요.

シーフード料理にします。
[시-후-도 료-리니 시마스.]

· 해산물 알레르기가 있어요.

シーフードアレルギーがあります。
[시-후-도 아레르기-가 아리마스.]

식당

· 해산물 어떤 게 좋아요?

どんなシーフード料理が
いいですか?

[돈나 시-후-도 료-리가 이이데스까?]

13 닭 🐔

鶏肉
[토리니쿠]

· 닭 요리로 할게요.

鶏肉料理にします。
[토리니쿠 료-리니 시마스.]

· 닭 요리로 추천해주세요.

おすすめの鶏肉料理は何
ですか?
[오스스메노 토리니쿠 료-리와 난데스까?]

· 닭이 덜 익었어요.

鶏肉がきちんと焼けてい
ません。
[토리니쿠가 키칭또 야케떼이마셍.]

· 닭이 탔어요.

鶏肉が焦げました。
[토리니쿠가 코게마시따.]

14 소스 🐑

ソース
[소-스]

· 소스는 따로 주세요.

ソースは別にください。
[소-스와 베츠니 쿠다사이.]

· 소스 많이 주세요. ソースいっぱいください。
[소-스 입빠이 쿠다사이.]

· 소스 더 주세요. ソースをもっとください。
[소-스오 몯또 쿠다사이.]

· 다른 소스 있어요? 他のソースはありますか?
[호까노 소-스와 아리마스까?]

· 소스는 뭐뭐 있어요? ソースは何がありますか?
[소-스와 나니가 아리마스까?]

· 그냥 케첩 주세요. ケチャップください。
[케챱쁘 쿠다사이.]

· 머스타드 소스 주세요. マスタードソースください。
[마스타-도소-스 쿠다사이.]

· 칠리 소스 주세요. チリソースください。
[치리소-스 쿠다사이.]

· 바비큐 소스 주세요. バーベキューソースください。
[바-베큐-소-스 쿠다사이.]

식당

15 나무젓가락 わりばし
[와리바시]

· 나무젓가락 떨어뜨렸어요. わりばしを落としました。
[와리바시오 오토시마시따.]

· 나무젓가락에 뭐가
묻어있어요.

わりばしに何かついてま
した。

[와리바시니 나니까 쯔이떼마시따.]

· 나무젓가락 하나 더
주세요.

わりばしをもうひとつく
ださい。

[와리바시오 모– 히토쯔 쿠다사이.]

· 다른 나무젓가락으로
주세요.

別のわりばしをください。

[베츠노 와리바시오 쿠다사이.]

16 숟가락

スプーン
[스푸–웅]

TIP 일본은 젓가락을 주로 사용하기 때문에 스푼이 따로 없는 경우도 있다.

· 숟가락 주세요.

スプーンください。

[스푸–웅 쿠다사이.]

· 숟가락 떨어뜨렸어요.

スプーンを落としました。

[스푸–웅오 오토시마시따.]

· 숟가락에 뭐가 묻어있어요.

スプーンに何かついてま
した。

[스푸–웅니 나니까 쯔이떼마시따.]

· 숟가락 하나 더 주세요.

スプーンをもうひとつく
ださい。

[스푸–웅오 모– 히토쯔 쿠다사이.]

· 다른 숟가락으로 주세요. 　別のスプーンをください。
[베츠노 스푸-웅오 쿠다사이.]

17 포크

フォーク
[훠-크]

· 포크 주세요.
フォークください。
[훠-크 쿠다사이.]

· 포크 떨어뜨렸어요.
フォークを落としました。
[훠-크오 오토시마시따]

· 포크에 뭐가 묻어있어요.
フォークに何かついてました。
[훠-크니 나니까 쯔이떼마시따.]

· 포크 하나 더 주세요.
フォークをもうひとつください。
[훠-크오 모- 히토쯔 쿠다사이.]

· 다른 포크로 주세요.
別のフォークをください。
[베츠노 훠-크오 쿠다사이.]

18 나이프

ナイフ
[나이후]

· 나이프 주세요.
ナイフください。
[나이후 쿠다사이.]

식당

· 나이프 떨어뜨렸어요.　　ナイフを落としました。
[나이후오 오토시마시따.]

· 나이프에 뭐가
　묻어있어요.　　ナイフに何かついています。
[나이후니 나니까 쯔이떼이마스.]

· 나이프 하나 더 주세요.　ナイフをもうひとつくだ
さい。
[나이후오 모- 히토쯔 쿠다사이.]

· 다른 나이프로 주세요.　別のナイフをください。
[베츠노 나이후오 쿠다사이.]

19 디저트 デザート
[데자-토]

· 디저트 뭐 있어요?　　デザートは何がありますか?
[데자-토와 나니가 아리마스까?]

· 이제 디저트 먹을게요.　デザートにします。
[데자-토니 시마스.]

· 달지 않은 디저트 있어요?　甘くないデザートはあり
ますか?
[아마쿠나이 데자-토와 아리마스까?]

· 아이스크림 종류는
　뭐 있어요?　　アイスクリームの種類は
何がありますか?
[아이스크리-무노 슈루이와 나니가아리마스까?]

· 그냥 디저트는 안 먹을게요. やっぱりデザートはいい です。
[얍빠리 데자-토와 이이데스.]

20 음료 ドリンク
[도링쿠]

· 음료는 어떤 게 있어요? ドリンクは何がありますか?
[도링쿠와 나니가 아리마스까?]

· 그냥 물 주세요. 水ください。
[미즈 쿠다사이.]

· 탄산수 주세요. 炭酸水ください。
[탄산스이 쿠다사이.]

· 콜라 주세요. コーラで。
[코-라데.]

· 사이다 주세요. スプライトで。
[스프라이토-데.]

· 진저에일 주세요. ジンジャエールで。
[진쟈에-르데.]

· 맥주 주세요. ビールで。
[비-르데.]

· 와인 한 잔 주세요. ワイン一杯。
[와잉 입빠이.]

식당

· 아이스 티 주세요.

アイスティーで。
[아이스티-데.]

· 얼음 많이 주세요.

氷たくさんください。
[코-리 탁상 쿠다사이.]

· 리필 되나요?

おかわりできますか?
[오카와리 데키마스까?]

> TIP 일본은 리필의 개념이 없기 때문에 리필을 할 때에는 가능여부를 먼저 물어봐야 하고, 보통은 추가요금을 내야한다.

21 휴지 🧻

ティッシュ
[팃슈]

· 휴지 주세요.

ティッシュください。
[팃슈 쿠다사이.]

· 휴지 더 주세요.

ティッシュもっとください。
[팃슈 몯또 쿠다사이.]

· 화장실에 휴지가 없어요.

トイレにティッシュがありません。
[토이레니 팃슈가 아리마셍.]

· 물티슈 있어요?

ウェットティッシュありますか?
[웯또팃슈 아리마스까?]

22 냅킨

ナプキン
[나프킹]

> TIP 일본에서 냅킨은 보통 여성용품을 의미하고, 레스토랑에서 사용하면 천으로
> 된 냅킨을 의미한다.

· 냅킨 어디 있어요?

ナプキンはどこにありま
すか?
[나프킹와 도코니 아리마스까?]

· 여기 냅킨 없어요.

ここナプキンがありません。
[코코 나프킹가 아리마셍.]

23 계산서 📝

会計書
[카이케-쇼]

· 계산할게요.

会計お願いします。
[카이케- 오네가이시마스.]

· 계산서 주실래요?
(계산서 주세요.)

会計書ください。
[카이케-쇼 쿠다사이.]

· 계산서가 잘못 됐어요.

会計が間違っています。
[카이케-가 마치갇떼이마스.]

· 이 메뉴 안 시켰는데요.

このメニューは頼んでません。
[코노 메뉴-와 타논데마셍.]

식당

· 세금 포함한 금액이에요?　税金込みの金額ですか?
[제-킹코미노 킹가쿠데스까?]

24 신용카드 💳

クレジットカード
[크레짙또 카-도]

· 신용카드 되나요?　クレジットカード使えますか?
[크레짙또 카-도 츠카에마스까?]

· 따로 계산해 주세요.　別々にしてください。
[베쯔베쯔니 시떼 쿠다사이.]

· 현금으로 할게요.　現金で。
[겡킹데.]

25 세트 🍔🥤

セット
[섿또]

· 5번 세트 주세요.　5番セットください。
[고방섿또 쿠다사이.]

· 세트 가격이에요?　セットの値段ですか?
[섿또노 네단데스까?]

26 단품

単品
[탐핑]

· 아니요, 단품으로요.

いいえ、単品で。
[이이에, 탐핑데.]

· 단품 가격이에요?

単品の値段ですか?
[탐핑노 네단데스까?]

27 햄버거

ハンバーガー
[함바-가-]

· 햄버거 하나 주세요.

ハンバーガーひとつください。
[함바-가- 히토츠 쿠다사이.]

· 햄버거로만 두 개 주세요.

ハンバーガーだけ二つください。
[함바-가- 다케 후타츠 쿠다사이.]

· 햄버거 단품은 얼마예요?

ハンバーガーは単品でいくらですか?
[함바-가-와 탐핑데 이쿠라데스까?]

식당

28 감자튀김

ポテト
[포테토]

· 감자튀김 하나 주세요.

ポテトひとつください。
[포테토 히토츠 쿠다사이.]

호텔 152p   식당 188p   관광 234p   쇼핑 262p   귀국 288p

· 감자튀김 큰 걸로요.

ポテトＬサイズで。
[포테토 에루 사이즈데.]

· 감자튀김은 얼마예요?

ポテトはいくらですか?
[포테토와 이쿠라데스까?]

29 콜라

コーラ
[코-라]

· 콜라 주세요.

コーラください。
[코-라 쿠다사이.]

· 다이어트 콜라로 주세요.

ダイエットコーラください。
[다이엗또코-라 쿠다사이.]

30 가게에서 먹을 거예요

店内で食べます
[텐나이데 타베마스]

· 드시고 가세요? 아니면
포장이세요?

店内でお召し上がりです
か?お持ち帰りですか?
[텐나이데 오메시아가리데스까? 오모치카
에리데스까?]

· 먹고 갈 거예요.

店内で食べます。
[텐나이데 타베마스.]

31 포장이요

持ち帰ります
も かえ
[모치카에리마스]

· 드시고 가세요? 아니면
포장이세요?

店内ですか? お持ち帰りで
てんない も かえ
すか?
[텐나이데스까? 오모치카에리데스까?]

· 포장이에요.

持ち帰ります。
も かえ
[모치카에리마스.]

· 감자튀김만 포장해주세요.

ポテトだけ持ち帰ります。
も かえ
[포테토다께 모치카에리마스.]

· 햄버거만 포장해주세요.

ハンバーガーだけ持ち帰
も かえ
ります。
[함바-가-다께 모치카에리마스.]

· 샐러드만 포장해주세요.

サラダだけ持ち帰ります。
も かえ
[사라다다께 모치카에리마스.]

---

32 얼음

氷
こおり
[코-리]

· 얼음 많이 주세요.

氷いっぱいください。
こおり
[코-리 입빠이 쿠다사이.]

· 얼음 조금만 주세요.

氷を少しください。
こおり すこ
[코-리오 스코시 쿠다사이.]

식당

· 얼음 너무 많아요.

氷が多すぎます。
[코-리가 오-스기마스.]

· 얼음 빼고 주세요.

氷なしで。
[코-리 나시데.]

33 빨대

ストロー
[스토로-]

· 빨대 어디 있어요?

ストローはどこにありますか?
[스토로-와 도코니 아리마스까?]

· 빨대 안 주셨는데요.

ストローもらってないんですが。
[스토로- 모랃떼나인데스가.]

· 빨대 없어요.

ストローありません。
[스토로- 아리마셍.]

· 빨대도 넣어 주셨어요?

ストローは入ってますか?
[스토로-와 하읻떼마스까?]

34 뜨거운

ホット
[홋또]

· 뜨거운 아메리카노
  한 잔이요.

ホットコーヒーをひとつ。
[홋또 코-히-오 히토쯔.]

· 뜨거운 라떼 한 잔이요.

ホットカフェラテをひとつ。
[홋또 카훼라떼오 히토쯔.]

· 머그에 뜨거운 물 좀
  주세요.

コップにお湯ください。
[콥쁘니 오유쿠다사이.]

35 차가운

アイス
[아이스]

· 아이스 아메리카노
  한 잔이요.

アイスコーヒーをひとつ。
[아이스 코-히-오 히토쯔.]

· 아이스 라떼 한 잔이요.

アイスカフェラテをひとつ。
[아이스 카훼라떼오 히토쯔.]

· 얼음물 주세요.

氷水をください。
[코-리미즈오 쿠다사이.]

· 찬물 주세요.

お冷ください。
[오히야 쿠다사이.]

식당

36 우유 🥛

牛乳
[규-뉴-]

· 우유 많이 넣어주세요.
牛乳いっぱい入れてください。
[규-뉴- 입빠이 이레떼 쿠다사이.]

· 우유 어떤 걸로 넣어 드릴까요?
どの牛乳にしますか?
[도노 규-뉴-니 시마스까?]

· 무지방 우유로 넣어 주세요.
無脂肪牛乳で。
[무시보- 규-뉴-데.]

· 저지방 우유로 넣어 주세요.
低脂肪牛乳で。
[테-시보- 규-뉴-데.]

· 두유로 넣어주세요.
豆乳で。
[토-뉴-데.]

37 시럽 🍶

シロップ
[시롭뿌]

· 시럽 넣어 드려요?
シロップは入れますか?
[시롭뿌와 이레마스까?]

· 시럽 빼주세요.
いいえ。シロップ抜きで。
[이이에. 시롭뿌 누끼데.]

· 시럽 어디 있어요?
シロップはどこですか?
[시롭뿌와 도코데스까?]

· 시럽 조금만 넣어주세요.
シロップ少しだけ入れてください。
[시롭뿌 스코시다케 이레떼 쿠다사이.]

· 바닐라 시럽 넣어주세요.
バニラシロップ入れてください。
[바니라 시롭뿌 이레떼 쿠다사이.]

· 헤이즐넛 시럽 넣어주세요.
ヘーゼルナッツシロップ入れてください。
[헤-제르 낫츠 시롭뿌 이레떼 쿠다사이.]

38 휘핑크림

ホイップクリーム
[호입뿌 크리-무]

· 휘핑크림 올려드릴까요?
ホイップクリームは乗せますか?
[호입뿌 크리-무와 노세마스까?]

· 휘핑크림 빼주세요.
ホイップクリームは抜いてください。
[호입뿌 크리-무와 누이떼 쿠다사이.]

· 휘핑크림 조금만요.
ホイップクリーム少しだけ乗せてください。
[호입뿌 크리-무 스코시다케 노세떼 쿠다사이.]

· 휘핑크림 많이 주세요.
ホイップクリーム多めにしてください。
[호입뿌 크리-무 오-메니 시떼 쿠다사이.]

식당

39 사이즈 🥤

サイズ
[사이즈]

・사이즈 어떤 걸로 드려요? サイズはどれになさいますか?
[사이즈와 도레니 나사이마스까?]

・사이즈 어떤 거 있어요? どんなサイズがあるんですか?
[돈나 사이즈가 아룬데스까?]

・이게 무슨 사이즈예요? これはなにサイズですか?
[코레와 나니 사이즈데스까?]

・제일 큰 거 주세요. 一番大きいのください。
[이치방 오-키-노 쿠다사이.]

・제일 작은 거 주세요. 一番小さいのください。
[이치방 치-사이노 쿠다사이.]

40 추가 ➕

追加
[츠이카]

・에스프레소 샷 추가
해주세요.
エスプレッソショット追加
してください。
[에스프렛쏘 숃토 츠이카 시떼 쿠다사이.]

・휘핑 크림 추가해주세요. ホイップクリーム追加し
てください。
[호입뿌 크리-무 츠이카 시떼 쿠다사이.]

· 시럽 추가해주세요.

シロップ追加してください。
[시롭뿌 츠이카 시떼 쿠다사이.]

· 라떼 거품 많이요.

カフェラテの泡を多目に
お願いします。
[카훼라떼노 아와오 오-메니 오네가이 시마스.]

· 우유 많이요.

牛乳多目でお願いします。
[규-뉴- 오-메데 오네가이시마스.]

· 계피 가루 많이요.

シナモン多目でお願いし
ます。
[시나몬 오-메데 오네가이시마스.]

41 케이크

ケーキ
[케-키]

· 케이크 종류 뭐 있어요?

ケーキの種類は何があり
ますか?
[케-키노 슈류이와 나니가 아리마스까?]

· 이 케이크는 얼마예요?

このケーキはいくらですか?
[코노 케-키와 이쿠라 데스까?]

· 한 조각 주세요.

一切れください。
[히토키레 쿠다사이.]

· 초콜릿 케이크 주세요.

チョコレートケーキください。
[쵸코레-토 케-키 쿠다사이.]

식당

· 치즈 케이크 주세요. チーズケーキください。
[치-즈 케-키 쿠다사이.]

· 딸기 케이크 주세요. いちごケーキください。
[이치고-케-키 쿠다사이.]

· 몽블랑 케이크 주세요. モンブランケーキください。
[몽브랑-케-키 쿠다사이.]

42 샌드위치 サンドイッチ
[산도잇치]

· 샌드위치 있어요? サンドイッチありますか?
[산도잇치 아리마스까?]

· 샌드위치 뭐 있어요? サンドイッチは何がありますか?
[산도잇치와 나니가 아리마스까?]

· 빵 종류는 어떤 걸로 드릴까요? パンはどれにしますか?
[팡와 도레니 시마스까?]

· 그냥 밀가루 빵이요. 普通のパンで。
[후츠-노 팡데.]

· 호밀 빵이요. ライ麦のパンで。
[라이무기노 팡데.]

· 여기엔 뭐 들어 있어요? これには何が入ってますか?
[코레니와 나니가 하잇떼마스까?]

· 양파 빼 주세요.　　　　たまねぎは抜いてください。
　　　　　　　　　　　　[타마네기와 누이떼 쿠다사이.]

· 야채 추가요.　　　　　野菜追加で。
　　　　　　　　　　　　[야사이 츠이카데.]

· 치즈 추가요.　　　　　チーズ追加で。
　　　　　　　　　　　　[치-즈 츠이카데.]

· 데워주세요.　　　　　温めてください。
　　　　　　　　　　　　[아타따메떼 쿠다사이.]

43 베이글 ⊝　　　ベーグル
　　　　　　　　　　　　[베-그르]

· 베이글 있어요?　　　　ベーグルありますか?
　　　　　　　　　　　　[베-그르 아리마스까?]

· 베이글 뭐 있어요?　　　ベーグルは何がありますか?
　　　　　　　　　　　　[베-그르와 나니가 아리마스까?]

· 데워드릴까요?　　　　温めますか?
　　　　　　　　　　　　[아타타메마스까?]

· 베이글 말고 뭐 있어요?　ベーグルの他に何があり
　　　　　　　　　　　　ますか?
　　　　　　　　　　　　[베-그르노 호카니 나니가 아리마스까?]

· 스콘 있어요?　　　　　スコーンありますか?
　　　　　　　　　　　　[스코-온아리마스까?]

식당

44 와이파이 📶

Wi-fi
[와이화이]

· 여기 와이파이 되나요?
ここWi-fi 使えますか?
[코코 와이화이 츠카에마스까?]

· 와이파이 비밀번호
뭐예요?
Wi-fiのパスワードは何で
すか?
[와이화이노 파스와-도와 난데스까?]

45 화장실 🚻

トイレ
[토이레]

· 화장실 어디 있어요?
トイレはどこですか?
[토이레와 도코데스까?]

· 누구 있어요?
誰かいますか?
[다레카 이마스까?]

· 화장실이 잠겼어요.
トイレが閉まっています。
[토이레가 시맏떼이마스.]

· 화장실 더러워요.
トイレが汚いです。
[토이레가 키타나이데스.]

· (화장실에) 휴지 없어요.
トイレットペーパーがあ
りません。
[토이렏또페-파가 아리마셍.]

말만하니? 난 듣기도 돼!

🎧 **듣고 따라해 보세요.**
PART 07-2
질문을 했을 때 상대방이 할 수 있는 대답을 미리 예상해보고 발음을 들어보세요.

세키아리마스카?
席ありますか?

자리있어요?

① **난메-사마데스카?**
何名様ですか?

몇 분이세요?

② **쇼-쇼-오마치쿠다사이.**
少々お待ちください。

잠시만 기다려주세요.

③ **코치라니 (오)나마에오 오네가이 이타시마스.**
こちらに(お)名前をお願いいたします。

여기에 성함을 써주세요.

④ **만세키데 고자이마스.**
満席でございます。

만석이에요.

⑤ **코치라에 고안나이 이타시마스.**
こちらへご案内いたします。

이쪽으로 안내해 드리겠습니다.

⑥ **요야쿠와 사레떼 이마스카?**
予約はされていますか?

예약은 하셨습니까?

식당

호텔 152p   식당 188p   관광 234p   쇼핑 262p   귀국 288p

위급상황 _{필요한 단어}

| 01 | 너무 짜요 | しょっぱすぎます
[숍빠스기마스] |

| 02 | 너무 뜨거워요 | あつすぎます
[아츠스기마스] |

| 03 | 너무 차가워요 | 冷^{つめ}たすぎます
[츠메타스기마스] |

| 04 | 너무 매워요 | 辛^{から}すぎます
[카라스기마스] |

| 05 | 맛이 이상한데요 | 味^{あじ}が変^{へん}です
[아지가 헨데스] |

| 06 | 떨어뜨렸어요 | 落^おとしました
[오토시마시따] |

| 07 | 안 나왔는데요 | まだ出^でていません
[마다 데떼이마셍] |

| 08 | 바꿔주세요 | 交換^{こうかん}してください
[코-칸 시떼쿠다사이] |

| 09 | 포장해 주세요 | 持^もち帰^{かえ}ります
[모치카에리마스] |

| 10 | 남았는데
포장 되나요? | 食^たべ残^{のこ}ったので、持^もち帰^{かえ}りできますか？
[타베노콛타노데 모치카에리 데키마스까?] |

11	이거 안 시켰어요	これ、頼んでません
		[코레 타논데마셍]
12	이거 빼주세요	これ、抜いてください
		[코레 누이떼 쿠다사이]
13	흘렸어요	こぼしました
		[코보시마시타]
14	리필	おかわり
		[오카와리]
15	아무것도 없어요	何もありません
		[나니모 아리마셍]

식당

빨리찾아 말하면 OK!

· 화장실 어디 있어요?

トイレはどこですか?

[토이레와 도코데스까?]

· 누구 있어요?

誰かいますか?

[다레카 이마스까?]

· 화장실이 잠겼는데요.

トイレの鍵が閉まってます。

[토이레노 카기가 시맏떼마스.]

· 화장실 더러워요.

トイレが汚いです。

[토이레가 키타나이데스.]

· (화장실에) 휴지 없어요.

トイレットペーパーがありません。

[토이렏또페-파가 아리마셍.]

· 이거 너무 짜요.

これ、しょっぱすぎます。

[코레 숍빠스기마스.]

· 이거 너무 뜨거워요.

これ、熱すぎます。

[코레 아츠스기마스.]

· 접시가 뜨거우니 조심해 주세요.

お皿が熱いので気をつけてください。

[오사라가 아츠이노데 키오츠케떼 쿠다사이.]

· 저 지금 데일 뻔 했어요!

火傷するところでした！

[야케도 스루 토코로 데시따!]

· 이거 너무 차가워요.　　　これ、冷たすぎます。
[코레 츠메타스기마스.]

· 데워 주세요.　　　温めてください。
[아타따메떼 쿠다사이.]

· 이거 너무 매워요.　　　これ、辛すぎます。
[코레 카라스기마스.]

· 너무 싱거워요.　　　味が薄すぎます。
[아지가 우스스기마스.]

· 소금 좀 주세요.　　　お塩ください。
[오시오 쿠다사이.]

· 이거 맛이 이상한데요.　　　これ、味が変です。
[코레 아지가 헨데스.]

· 주방장 불러줘요.　　　料理長を呼んでください。
[료-리쵸-오 욘데 쿠다사이.]

· 나무젓가락 떨어뜨렸어요.　　　わりばしを落としました。
[와리바시오 오토시마시따.]

· 숟가락 떨어뜨렸어요.　　　スプーンを落としました。
[스푸-운오 오토시마시따.]

식당

· 포크 떨어뜨렸어요.　　　　フォークを落としました。
[훠-크오 오토시마시따.]

· 나이프 떨어뜨렸어요.　　　ナイフ落としました。
[나이후 오토시마시따.]

· 잔을 떨어뜨렸어요.　　　　グラスを落としました。
[그라스오 오토시마시따.]

· 접시를 떨어뜨렸어요.　　　お皿を落としました。
[오사라오 오토시마시따.]

· 메뉴 안 나왔는데요.　　　　料理がまだ出てません。
[료-리가 마다 데떼마셍.]

· 수프 안 나왔어요.　　　　　スープがまだ出てません。
[스-프가 마다 데떼마셍.]

· 샐러드 안 나왔어요.　　　　サラダがまだ出てません。
[사라다가 마다 데떼마셍.]

· 에피타이저 안 나왔어요.　　前菜がまだ出てません。
[젠사이가 마다 데떼마셍.]

· 음료가 안 나왔어요.　　　　ドリンクがまだ出て
　　　　　　　　　　　　　　ません。
[도링크가 마다 데떼마셍.]

· 디저트가 안 나왔어요.　　　デザートがまだ出てません。
[데자-토가 마다 떼떼마셍.]

· 벌레가 들어가 있었어요. 虫が入っていました。
[무시가 하인떼 이마시따.]

· 머리카락이 들어가 있었어요. 髪の毛が入っていました。
[카미노케가 하인떼 이마시따.]

· 컵에 금이 가 있는데요. コップにひびが入っているんですけど。
[콥뿌니 히비가 하인떼 이룬데스케도.]

· 이거 포장해주세요. これは持ち帰ります。
[코레와 모치카에리마스.]

· 남았는데 포장되나요? 食べ残ったので、持ち帰りできますか？
[타베노콘타노데 모치카에리 데키마스까?]

· 주문한 거랑 달라요. 注文したものと違います。
[츄-몽시타 모노토 치가이마스.]

· 이거 먹은 적 없어요. これ、食べたことありません。
[코레 타베타 코토 아리마셍.]

식당

· 양파 빼주세요. たまねぎ抜いてください。
[타마네기 누이떼 쿠다사이.]

· 토마토 빼주세요. トマト抜いてください。
[토마토 누이떼 쿠다사이.]

· 양상추 빼주세요. レタス抜いてください。
[레타스 누이떼 쿠다사이.]

· 올리브 빼주세요.　　　　オリーブ抜いてください。
[오리−브 누이떼 쿠다사이.]

· 계피가루 빼주세요.　　　シナモンの粉抜いてください。
[시나몬노 코나 누이떼 쿠다사이.]

· 치즈 빼주세요.　　　　　チーズ抜いてください。
[치−즈 누이떼 쿠다사이.]

· 시럽 빼주세요.　　　　　シロップ抜いてください。
[시롭뿌 누이떼 쿠다사이.]

· 이거 흘렸어요.　　　　　これ、こぼしました。
[코레 코보시마시따.]

· 콜라 흘렸어요.　　　　　コーラをこぼしました。
[코−라오 코보시마시따.]

· 물을 흘렸어요.　　　　　水をこぼしました。
[미즈오 코보시마시따.]

· 음료 흘렸어요.　　　　　飲み物をこぼしました。
[노미모노오 코보시마시따.]

· 소스를 흘렸어요.　　　　ソースをこぼしました。
[소−스오 코보시마시따.]

· 수프를 흘렸어요.　　　　スープをこぼしました。
[스−프오 코보시마시따.]

· 여기 좀 닦아주세요.　　ここ、ちょっと拭いてく
　　　　　　　　　　　　ださい。
　　　　　　　　　　　　[코코 춋토 후이떼 쿠다사이.]

· 리필 되나요?　　　　おかわりできますか?
　　　　　　　　　　　　[오카와리 데키마스까?]

· 이거 리필 해 주세요.　これ、おかわりください。
　　　　　　　　　　　　[코레 오카와리 쿠다사이.]

· 다른 음료로 리필 할수　他の飲み物におかわりで
　있나요?　　　　　　　きますか?
　　　　　　　　　　　　[호카노 노미모노니 오카와리 데키마스까?]

· 티슈가 없어요.　　　ティッシュがありません。
　　　　　　　　　　　　[팃슈가 아리마셍.]

· 빨대가 없어요.　　　ストローがありません。
　　　　　　　　　　　　[스토로-가 아리마셍.]

· 우유가 없어요.　　　牛乳がありません。
　　　　　　　　　　　　[규-뉴-가 아리마셍.]

· 시럽이 없어요.　　　シロップがありません。
　　　　　　　　　　　　[시롭뿌가 아리마셍.]

· 소금이 없어요.　　　お塩がありません。
　　　　　　　　　　　　[오시오가 아리마셍.]

식당

실제상황 여행 일본어

자신 있게 외쳐라~
日本語で話してみよう!

🎧 듣고 따라해 보세요.
PART 07-3

식당

젓가락을 떨어뜨렸는데요.
はしを落としたんですが。
[하시오 오토시탄데스가.]

주문을 잘못한 것 같습니다.
注文を間違えました。
[츄-몽오 마치가에마시타.]

주문을 바꿀 수 있을까요?
注文を変えてもいいですか?
[츄-몽오 카에떼모 이이데스카?]

PART 08

관광할 때

관광할 때

많은 단어를 알 필요 없다
왜? 말할 게 뻔하니까!

01	매표소	チケット売り場 [치켇또 우리바]
02	할인	割り引き [와리비키]
03	입구	入り口 / エントランス [이리구치 / 엔토랑스]
04	출구	出口 [데구치]
05	입장료	入場料 [뉴-죠-료-]
06	추천	おすすめ [오스스메]
07	안내소	案内所 / インフォーメーション [안나이죠 / 인훠메-숀]
08	관광 명소	観光名所 [캉코-메-쇼]
09	팸플릿	パンフレット [팡후렏토]
10	영업시간	営業時間 [에-교-지캉]
11	시간표	時間表 [지캉효-]

12	사진	しゃしん 写真 [샤싱]
13	설명	せつめい 説明 [세츠메-]
14	일정	にってい 日程 / スケジュール [닏떼- / 스케쥬-르]
15	출발	しゅっぱつ 出発 [숩파츠]
16	도착	とうちゃく 到着 [토-차크]
17	통역	つうやく 通訳 [츠-야크]
18	시티투어	シティーツアー [시티-츠아-]
19	지도	ち ず 地図 [치즈]
20	선물 가게	ギフトショップ [기후토 숍뿌]
21	공연	こうえん 公演 [코-엥]
22	예매권	まえ う けん 前売り券 [마에우리켄]

관광

23	공연 시간	こうえんじかん 公演時間 [코-엥지캉]
24	매진	かんばい 完売 [캄바이]
25	좌석	ざせき 座席 [자세키]
26	휴식 시간	きゅうけいじかん 休憩時間 [큐-케-지캉]
27	자막	じまく 字幕 [지마쿠]
28	주연배우	しゅえんはいゆう 主演俳優 [슈엔하이유-]
29	무대 뒤	ぶたいうら 舞台裏 [부타이 우라]
30	금지	きんし 禁止 [킨시]
31	화장실	トイレ [토이레]

빨리찾아 읽으세요

01 매표소

チケット売り場
[치켓또 우리바]

· 매표소 어디예요?

**チケット売り場はどこで
すか?**
[치켓또 우리바와 도코데스까?]

· 매표소 가까워요?

**チケット売り場は近いで
すか?**
[치켓또 우리바와 치카이데스까?]

· 매표소 먼가요?

**チケット売り場は遠いで
すか?。**
[치켓또 우리바와 토-이데스까?]

02 할인

割引き
[와리비키]

· 할인되나요?

割引きできますか?
[와리비키 데키마스까?]

· 학생 할인되나요?

学生割引きできますか?
[가쿠세- 와리비키 데키마스까?]

· 할인해서 얼마인가요?

割引きしていくらですか?
[와리비키시떼 이쿠라데스까?]

관광

03 입구

入り口/エントランス
[이리구치/엔토랑스]

· 입구가 어디예요?
入り口はどこですか?
[이리구치와 도코데스까?]

· 입구가 안 보여요.
入り口が見つかりません。
[이리구치가 미츠카리마셍.]

· 이 방향이 입구예요?
この方面が入り口ですか?
[코노 호-멩가 이리구치데스까?]

04 출구

出口
[데구치]

· 출구가 어디죠?
出口はどこですか?
[데구치와 도코데스까?]

· 출구가 안 보여요.
出口が見えません。
[데구치가 미에마셍.]

· 이 방향이 출구예요?
この方面が出口ですか?
[코노 호-멩가 데구치데스까?]

05 입장료

入場料
[뉴-죠-료-]

· 입장료가 얼마죠?	入場料はいくらですか? [뉴-죠-료-와 이쿠라데스까?]
· 어린이 입장료는 얼마죠?	こどもの入場料はいくら ですか? [코도모노 뉴-죠-료-와 이쿠라데스까?]
· 어른 입장료는 얼마죠?	大人の入場料はいくらで すか? [오토나노 뉴-죠-료-와 이쿠라데스까?]
· 어른 2장 주세요.	大人2枚ください。 [오토나 니마이 쿠다사이.]

06 추천

おすすめ
[오스스메]

· 추천할 만한 명소 있어요?	おすすめの名所があります か? [오스스메노 메-쇼가 아리마스까?]
· 제일 추천하는 건 뭐예요?	一番のおすすめは何ですか? [이치방노 오스스메와 난데스까?]

관광

호텔 152p   식당 188p   관광 234p   쇼핑 262p   귀국 288p   241

· 추천하는 코스가 있나요?   おすすめのコースはあり
ますか?
[오스스메노 코-스와 아리마스까?]

07 안내소

<ruby>案内所<rt>あんないじょ</rt></ruby>/インフォメーション
[안나이죠/인훠메-숀]

· 안내소가 어디예요?   <ruby>案内所<rt>あんないじょ</rt></ruby>はどこですか?
[안나이죠와 도코데스까?]

· 안내소가 여기서 멀어요?   <ruby>案内所<rt>あんないじょ</rt></ruby>はここから<ruby>遠<rt>とお</rt></ruby>い
ですか?
[안나이죠와 코코카라 토-이데스까?]

· 가까운 안내소는
어디예요?   <ruby>一番近<rt>いちばんちか</rt></ruby>い<ruby>案内所<rt>あんないじょ</rt></ruby>はどこ
ですか?
[이치방 치카이 안나이죠와 도코데스까?]

· 여기서 걸어갈 수 있나요?   ここから<ruby>歩<rt>ある</rt></ruby>いて<ruby>行<rt>い</rt></ruby>けます
け?
[코코카라 아루이떼 이케마스까?]

08 관광 명소

<ruby>観光名所<rt>かんこうめいしょ</rt></ruby>
[캉코-메-쇼]

· 제일 유명한 관광 명소가
어떤 거죠?   <ruby>一番有名<rt>いちばんゆうめい</rt></ruby>な<ruby>観光名所<rt>かんこうめいしょ</rt></ruby>はど
こですか?
[이치방 유-메-나 캉코-메-쇼와 도코데스까?]

· 관광 명소 추천해 주세요.
(추천하는 관광 명소는
어디예요?)

おすすめの観光名所はど
こですか?
[오스스메노 캉코-메-쇼와 도코데스까?]

· 야경이 예쁜 곳은 어디예
요?

夜景がきれいなところは
どこですか?
[야케-가 키레이나 토코로와 도코데스까?]

· 꼭 가보는 게 좋을까요?

絶対行った方がいいです
か?
[젠타이 읻타호우가 이-데스까?]

09 팸플릿 📖

パンフレット
[팡후렌토]

· 팸플릿 어디서 구해요?

パンフレットはどこでも
らえますか?
[팡후렌토와 도코데 모라에마스까?]

· 팸플릿 하나 주세요.

パンフレットひとつくだ
さい。
[팡후렌토 히토츠 쿠다사이.]

· 한국어 팸플릿 있어요?

韓国語のパンフレットは
ありますか?
[캉코쿠고노 팡후렌토와 아리마스까?]

관광

10 영업시간

営業時間
[에-교-지캉]

· 영업시간이 언제예요?

営業時間はいつですか?
[에-교-지캉와 이츠데스까?]

· 언제 열어요?

いつ開きますか?
[이츠 히라키마스까?]

· 언제 닫아요?

いつ閉めますか?
[이츠 시메마스까?]

11 시간표

時間表
[지캉효-]

· 시간표 어디서 봐요?

時間表はどこで見ますか?
[지캉효-와 도코데 미마스까?]

· 이 공연 시간표가 어떻게
  되나요?
  (이 공연의 시간표를 알려
  주세요.)

この公演の時間表を教え
てください。
[코노 코-엥노 지캉효-오 오시에테 쿠다
사이.]

· 언제 시작하나요?

いつ始まりますか?
[이츠 하지마리마스까?]

12 사진 📷

写真
[샤싱]

· 사진 찍어도 되나요?
写真を撮ってもいいですか?
[샤싱오 톧떼모 이이데스까?]

· 사진 찍으시면 안 됩니다.
写真を撮ってはいけません。
[샤싱오 톧떼와 이케마셍.]

· 사진 한 장만 찍어줄래요?
写真を一枚、撮ってもらえますか?
[샤싱오 이치마이 톧떼 모라에마스까?]

· 이거랑 같이 찍어주세요.
これと一緒に撮ってください。
[코레토 잇쇼니 톧테 쿠다사이.]

· 우리 같이 찍어요.
一緒に撮りましょう。
[잇쇼니 토리마쇼-.]

13 설명 📖

説明
[세츠메-]

· 이거 설명해 주세요.
これ、説明してください。
[코레, 세츠메-시떼쿠다사이.]

· 설명해 주시는 분 있어요?
説明してくれる方いますか?
[세츠메-시떼쿠레루 카타 이마스까?]

관광

· 한국어로 된 설명도
있어요?

韓国語の説明もありますか?

[캉코쿠고노 세츠메-모 아리마스까?]

14 일정 🗓️

日程/スケジュール

[닏떼- /스케쥬-르]

· 이 공연 스케줄은
언제예요?

この公演の日程はいつで
すか?

[코노 코-엥노 닏떼-와 이츠데스까?]

· 자세한 스케줄은
어디서 봐요?

詳しい日程はどこで見れ
ばいいですか?

[쿠와시-닏떼-와 도코데 미레바 이이데스까?]

· 이 스케줄이 맞아요?

この日程であってますか?

[코노 닏떼-데 앋떼마스까?]

15 출발 ✈️

出発

[슙파츠]

· 출발이 언제예요?

出発はいつですか?

[슙파츠와 이츠데스까?]

· 출발을 조금 늦춰줄
수는 없습니까?

出発を少し遅らせること
できませんか?

[슙파츠오 스코시 오쿠라세루코토 데키마셍까?]

· 출발시간이 너무
빠릅니다.

出発時間が早すぎます。
しゅっぱつ じ かん はや
[슙파츠지캉가 하야스기마스.]

16 도착

到着
とうちゃく
[토-챠크]

· 도착이 언제예요?

到着はいつですか?
とうちゃく
[토-챠크와 이츠데스까?]

· 도착 시간이 늦네요.

到着時間が遅いですね。
とうちゃく じ かん おそ
[토-챠크지캉가 오소이데스네.]

17 통역

通訳
つうやく
[츠-야크]

· 통역이 필요해요.

通訳が必要です。
つうやく ひつよう
[츠-야크가 히츠요-데스.]

· 한국어 통역 있어요?

韓国語の通訳ありますか?
かんこく ご つうやく
[캉코쿠고노 츠-야크 아리마스까?]

18 시티투어

シティーツアー
[시티-츠아-]

· 시티 투어 하고 싶어요.

シティーツアーがしたいで
す。
[시티-츠아-가 시타이데스.]

관광

· 시티 투어 예약할게요.
シティーツアー予約します。
[시티-츠아- 요야쿠시마스.]

· 시티 투어 자리 있어요?
シティーツアーの席は、
あります?
[시티-츠아-노 세키와 아리마스까?]

· 저 혼자 할 거예요.
私、一人で行きます。
[와타시 히토리데 이키마스.]

19 지도
地図
[치즈]

· 지도 있어요?
地図ありますか?
[치즈 아리마스까?]

· 지도 어디서 받았어요?
地図、どこでもらいまし
たか？
[치즈 도코데 모라이마시타까?]

· 지도 좀 같이 봐요.
(지도 함께 볼 수 있을까요?)
地図、一緒に見せてもら
えますか？
[치즈 잇쇼니 미세떼 모라에마스까?]

20 선물 가게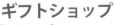
ギフトショップ
[기후토 숍뿌]

· 선물 가게 어디 있어요?
ギフトショップはどこですか?
[기후토숍뿌와 도코데스까?]

· 선물 가게 멀어요?　ギフトショップは遠いですか?

[기후토 숍뿌와 토-이데스까?]

· 기념품 사려고요.　お土産を買おうと思いまして。

[오미야게오 카오-토 오모이마시떼.]

21 공연

公演
[코-엥]

· 공연 볼 거예요.　公演を見る予定です。

[코-엥오 미루 요테-데스.]

· 공연 언제 시작해요?　公演はいつ始まりますか?

[코-엥와 이츠 하지마리마스까?]

· 공연 얼마 동안 해요?　公演はどのくらいしますか?

[코-엥와 도노쿠라이 시마스까?]

· 공연이 취소되었습니다.　公演が中止になりました。

[코-엥가 츄-시니 나리마시따.]

22 예매권

前売り券
[마에우리켄]

· 티켓 예매하려고요.　前売り券を購入したいんですが。

[마에우리켕오 코-뉴- 시타인데스가.]

관광

· 예매하면 할인되나요?

前売り券を買うと安くなりますか?

[마에우리켕오 카우토 야스쿠 나리마스까?]

· 예매 안 했어요.

前売り券を買っていません。

[마에우리켕오 칻테이마셍.]

23 공연 시간 ⏰

公演時間

[코-엥지캉]

· 공연 시간이 얼마나 되죠?

公演時間はどれぐらいですか?

[코-엥지캉와 도레구라이데스까?]

· 공연 시간 동안 뭐 먹어도 되나요?

公演中に何か食べてもいいですか?

[코-엥츄-니 나니카 타베떼모 이이데스까?]

· 공연 시간 동안 사진 찍어도 되나요?

公演中に写真撮ってもいいですか?

[코-엥츄-니 샤싱톧떼모 이이데스까?]

· 공연 시간이 짧네요.

公演時間が短いですね。

[코-엥지캉가 미지카이데스네.]

· 공연 시간이 길어요.

公演時間が長いです。

[코-엥지캉가 나가이데스.]

24 매진

完売
[캄바이]

・매진 되었나요?

完売ですか?
[캄바이데스까?]

・다음 공연은 몇 시예요?

次の公演は何時ですか?
[츠기노 코-엥와 난지데스까?]

・자리가 나면 연락 주세요.

席が空いたら連絡ください。
[세키가 아이타라 렌라쿠 쿠다사이.]

25 좌석 🪑

座席
[자세키]

・앞 좌석으로 주세요.

前の方の席ください。
[마에노 호-노 세키 쿠다사이.]

・뒷 좌석으로 주세요.

後ろの方の席ください。
[우시로노 호-노 세키 쿠다사이.]

・중간 좌석으로 주세요.

真ん中の席ください。
[만나카노 세키 쿠다사이.]

・좋은 자리로 주세요.

いい席ください。
[이이세키 쿠다사이.]

관광

26 휴식 시간 ⏰

休憩時間
きゅうけいじかん
[큐-케-지캉]

· 휴식 시간이 언제예요?　休憩時間はいつですか?
きゅうけいじかん
[큐-케-지캉와 이츠데스까?]

· 휴식 시간 있어요?　休憩時間ありますか?
きゅうけいじかん
[큐-케-지캉 아리마스까?]

· 휴식 시간이 몇 분이에요?　休憩時間は何分ですか?
きゅうけいじかん なんぶん
[큐-케-지캉와 남뿡데스까?]

27 자막 .Smi

字幕
じまく
[지마쿠]

· 자막 있어요?　字幕はありますか?
じまく
[지마쿠와 아리마스까?]

· 한국어 자막 있어요?　韓国語の字幕ありますか?
かんこくご じまく
[캉코쿠고노 지마쿠 아리마스까?]

· 영어 자막 나와요?　英語の字幕でますか?
えいご じまく
[에-고노 지마쿠 데마스까?]

28 주연배우

主演俳優
しゅえんはいゆう
[슈엔하이유-]

· 주연배우가 누구예요?

主演俳優は誰ですか?
しゅえんはいゆう　だれ
[슈엔하이유-와 다레데스까?]

· 주연배우를 만날 수 있어요?

主演俳優に会えますか?
しゅえんはいゆう　あ
[슈엔하이유-니 아에마스까?]

· 주연배우가 유명해요?

主演俳優は有名ですか?
しゅえんはいゆう　ゆうめい
[슈엔하이유-와 유-메-데스까?]

29 무대 뒤

舞台裏
ぶ たいうら
[부타이우라]

· 무대 뒤에 가볼 수 있나요?

舞台裏に行ってみること
ぶ たいうら　い
できますか?
[부타이 우라니 잍떼 미루코토 데키마스까?]

· 오늘은 백스테이지에 들어가실 수 없습니다.

今日は舞台裏に入れま
きょう　ぶ たいうら　はい
せん。
[쿄-와 부타이우라니 하이레마셍.]

· 백스테이지에서 배우들과 사진을 찍을 수 있습니다.

舞台裏で俳優と写真を撮
ぶ たいうら　はいゆう　しゃしん　と
れます。
[부타이 우라데 하이유-토 샤싱오 토레마스.]

관광

30 금지 🚫

禁止
[킨시]

· 촬영 금지

撮影禁止
[사츠에- 킨시]

· 플래시 금지

フラッシュ禁止
[후랏슈 킨시]

· 진입 금지

進入禁止
[신뉴- 킨시]

· 애완동물 금지

ペット禁止
[펜토 킨시]

· 비디오 촬영 금지

ビデオ撮影禁止
[비데오 사츠에-킨시]

31 화장실 🚺🚹

トイレ
[토이레]

· 화장실 어디 있어요?

トイレはどこですか?
[토이레와 도코데스까?]

· 화장실 밖에 있나요?

トイレは外にありますか?
[토이레와 소토니 아리마스까?]

· 이 안에는 화장실 없나요?

この中にはトイレないんですか?
[코노나카니와 토이레 나인데스까?]

말만하니? 난 듣기도돼!

🎧 **듣고 따라해 보세요.**
PART 08-2
질문을 했을 때 상대방이 할 수 있는 대답을 미리 예상해보고 발음을 들어보세요.

뉴-죠-켕오 오네가이시마스.
入場券をおねがいします。

입장권 부탁합니다.

---

① **와리비키 치켇또와 오모치데스까?**
割引チケットはお持ちですか?

할인티켓 가지고
있습니까?

② **코레와 팡후렏토데스.**
これはパンフレットです。

이것은 팸플릿입니다.

---

③ **샤츠에-와 킨시토 낟테 오리마스.**
撮影は禁止となっております。

촬영금지예요.

④ **혼지츠와 모- 오와리마시따.**
本日はもう終わりました。

오늘은 이미 끝났습니다.

---

⑤ **파스포-토 미세떼 쿠다사이.**
パスポート見せてください。

여권 보여주세요.

⑥ **이치마이데 요로시이데스카?**
一枚でよろしいですか?

한 장이면 될까요?

관광

호텔 152p   식당 188p   관광 234p   쇼핑 262p   귀국 288p

위급상황 <small>필요한 단어</small>

01	잃어버렸어요	<ruby>失<rt>な</rt></ruby>くしました [나쿠시마따]
02	찾아야해요	<ruby>探<rt>さが</rt></ruby>さないといけません [사가사나이토 이케마셍]
03	공중전화	<ruby>公衆電話<rt>こうしゅうでんわ</rt></ruby> [코-슈-뎅와]
04	조용히 해주세요	<ruby>静<rt>しず</rt></ruby>かにしてください [시즈카니 시떼쿠다사이]

빨리찾아 말하면 OK!

· 티켓 잃어버렸어요.
チケットを失くしました。
[치켇또오 나쿠시마시따.]

· 가방 잃어버렸어요.
かばんを失くしました。
[카방오 나쿠시마시따.]

· 휴대폰 잃어버렸어요.
携帯を失くしました。
[케-타이오 나쿠시마시따.]

· 친구 잃어버렸어요.
友達とはぐれてしまいました。
[토모다치토 하구레테 시마이마시따.]

· 가이드를 잃어버렸어요.
ガイドとはぐれてしまいました。
[가이도토 하구레떼 시마이마시따.]

· 분실물 센터가 어디예요?
落し物センターはどこですか?
[오토시모노 센타-와 도코데스까?]

· 티켓 찾아야 해요.
チケットを探さないといけません。
[치켇또오 사가사나이토 이케마셍.]

· 자리 찾아야 해요.
席を探さないといけません。
[세키오 사가사나이토 이케마셍.]

관광

· 친구 찾아야 해요.　　　　友達を探さないといけま
　　　　　　　　　　　　　せん。
　　　　　　　　　　　　　[토모다치오 사가사나이토 이케마셍.]

· 가이드 찾아야 해요.　　　ガイドを探さないといけ
　　　　　　　　　　　　　ません。
　　　　　　　　　　　　　[가이도오 사가사나이토 이케마셍.]

· 버스 찾아야 해요.　　　　バスを探さないといけま
　　　　　　　　　　　　　せん。
　　　　　　　　　　　　　[바스오 사가사나이토 이케마셍.]

· 집합장소를 찾아야 해요.　集合の場所を探さないと
　　　　　　　　　　　　　いけません。
　　　　　　　　　　　　　[슈-고-노 바쇼오 사가사나이토 이케마셍.]

· 공중전화 어디 있어요?　　公衆電話はどこですか?
　　　　　　　　　　　　　[코-슈-뎅와와 도코데스까?]

· 전화 좀 쓸 수 있어요?　　電話、借りてもいいですか?
　　　　　　　　　　　　　[뎅와 카리떼모 이이데스까?]

· 죄송해요. 전화 좀 빌려도　すみません。電話、借り
　될까요?　　　　　　　　てもいいですか?
　　　　　　　　　　　　　[스미마셍 뎅와 카리떼모 이이데스까?]

· 조용히 좀 해줘요.　　　　静かにしてもらえますか?
　　　　　　　　　　　　　[시즈카니 시떼모라에마스까?]

· 전화 나가서 해요.

電話は外でしてもらえますか?

[뎅와와 소토데 시떼모라에마스까?]

· 매너 좀 지키세요.

マナーを守ってください。

[마나-오 마몯떼쿠다사이.]

· 여권을 잃어버렸어요.

パスポートをなくしました。

[파스포-토오 나쿠시마시따.]

· 신분증을 잃어버렸어요.

身分証明書をなくしてしまいました。

[미분쇼-메-쇼오 나쿠시떼 시마이마시따.]

· 지갑을 잃어버렸어요.

財布をなくしてしまいました。

[사이후오 나쿠시떼 시마이마시따.]

관광

실제상황 여행 일본어

첨벙　첨벙

자신 있게 외쳐라~
日本語で話してみよう!

🎧 듣고 따라해 보세요.
PART 08-3

문신 한 거 아니에요!
刺青じゃありません!
[이레즈미쟈 아리마셍.]

> **TIP** 일본 온천은 문신 한 사람들의 입장이 제한
> 되는 경우가 있다.

여기서 때를 밀어도 되나요?
ここでアカスリしてもいいですか?
[코코데 아카스리 시떼모 이이데스까?]

> **TIP** 일본 온천에서는 때를 밀면 안되는 것이 에티켓

관광

혼탕인가요?
混浴ですか?
[콘요쿠데스까?]

PART 09
쇼핑할 때

쇼핑할 때

많은 단어를 알 필요 없다
왜? 말할 게 뻔하니까!

01	청바지	ジーンズ [지-인즈]
02	후드	フードパーカー [후-도파-카-]
03	셔츠	Ｙシャツ [와이샤츠]
04	치마	スカート [스카-토]
05	입어볼게요 / 신어볼게요	試着します/履いてみます [시챠쿠시마스 / 하이떼미마스]
06	피팅룸	試着室 [시챠쿠시츠]
07	사이즈	サイズ [사이즈]
08	전통적인 것	伝統的なもの [덴토-테키나 모노]
09	지역	地域 [치이키]
10	포장	ラッピング/包装 [랍핑구/호-소-]

11	추천	おすすめ [오스스메]
12	선물	プレゼント [프레젠토]
13	지불	支払い [시하라이]
14	할인	割引き [와리비키]
15	세일	セール [세-루]
16	영수증	レシート [레시-토]
17	둘러보는거예요	ただ見てるだけです [타다 미떼루다케데스]
18	향수	香水 [코-스이]
19	화장품	化粧品 [케쇼-힝]
20	시계	時計 [토케-]

쇼핑

호텔 152p   식당 188p   관광 234p   쇼핑 262p   귀국 288p   **265**

21	가방	かばん
		[카방]
22	주류	お酒
		[오사케]
23	깨지기 쉬워요	割れやすいです
		[와레야스이데스]

빨리찾아 읽으세요

01 청바지 ジーンズ
[지-인즈]

· 청바지 보려고요.
ジーンズを見たいんですが。
[지-인즈오 미타인데스가.]

· 와이드 청바지 있어요?
ワイドジーンズありますか?
[와이도지-인즈 아리마스까?]

· 일자 청바지 있어요?
ストレートジーンズはありますか?
[스토레-토 지-인즈와 아리마스까?]

· 트레이닝 바지 있어요?
トレーニングパンツありますか?
[토레-닝그 판츠 아리마스까?]

· 반바지 있어요?
半ズボンありますか?
[한즈봉아리마스까?]

02 후드 フードパーカー
[후-도파-카-]

· 후드티 종류 보려고요.
他のフードパーカーも見たいんですが。
[호카노 후-도파-카-모 미타인데스가.]

쇼핑

호텔 152p   식당 188p   관광 234p   쇼핑 262p   귀국 288p   **267**

· 후드티 어디 있어요?

パーカーはどこにありま
すか？

[파-카와 도코니 아리마스까?]

· 후드집업 어디 있어요?

ジップアップパーカはど
こにありますか？

[집뿌압뿌 파-카와 도코니 아리마스까?]

03 셔츠

Yシャツ

[와이샤츠]

TIP 일본에서는 [와이샤츠]는 남성용 정장셔츠, [브라우스]는 여성용 셔츠, [카쥬
아루 샤츠]는 캐주얼 셔츠, [샤츠]는 티셔츠를 말합니다.

· 셔츠 보려고요.

Yシャツを見たいんですが。

[와이샤츠오 미타인데스가.]

· 줄무늬 셔츠 볼게요.
(줄무늬 셔츠 있나요?)

ストライプの Yシャツ あ
りますか？

[스토라이프노 와이샤츠 아리마스까?]

· 땡땡이 셔츠 볼게요.
(땡땡이 셔츠 있나요?)

ドット柄のYシャツありま
すか？

[돗토가라노 와이샤츠 아리마스까?]

· 남자 셔츠예요?

メンズ用ですか？

[멘즈요-데스까?]

· 여자 셔츠예요?

レディース用ですか？

[레디-스요-데스까?]

· 이것보다 긴 셔츠 있어요?

これよりも丈が長いのありますか？

[코레요리모 타케가 나가이노 아리마스까?]

· 넥타이도 볼 거예요.
(넥타이도 봐도 될까요?)

ネクタイも見ていいですか?

[네쿠타이모 미떼이-데스까?]

04 치마

スカート
[스카토]

· 치마 보려고요.

スカートを見たいんですが。

[스카토오 미타인데스가.]

· 긴 치마 있어요?

ロングスカートありますか？

[롱그 스카토 아리마스까?]

· 짧은 치마 있어요?

ミニスカートありますか？

[미니 스카토 아리마스까?]

· 원피스 있어요?

ワンピースありますか？

[완피-스 아리마스까?]

05 입어볼게요
/신어볼게요

試着します／履いてみます
[시챠쿠시마스/하이떼미마스]

TIP '입어볼게요'는 [시챠쿠시마스]로 해도 무방하지만, 바지나 치마, 신발의 경우는 [하이떼미마스]로 하는 것이 더 자연스럽다.

쇼핑

· 이거 입어볼게요.
(이거 입어볼 수 있을까요?)

これ、試着できますか?
[코레 시챠쿠 데키마스까?]

· 이거 신어볼게요.

これ、履いてみます。
[코레 하이떼미마스.]

· 다른 거 입어볼게요.
(다른 거 신어볼 수 있어요?)

他の物も試着できますか?
[호카노 모노모 시챠쿠데키마스까?]

· 다른 사이즈 신어볼게요.

他のサイズも履いてみたいんですが。
[호카노 사이즈모 하이떼 미타인데스가.]

06 피팅룸 [•]

試着室
[시챠쿠시츠]

· 피팅룸 어디예요?

試着室はどこですか?
[시챠쿠시츠와 도코데스까?]

· 피팅룸 못 찾겠어요.

試着室が見つからないんですが。
[시챠쿠시츠가 미츠카라나인데스가.]

· 몇 개 입어볼 수 있어요?

何着か試着できますか?
[난챠쿠카 시챠쿠 데키마스까?]

· 몇 개까지 입어볼 수 있어요?

何着まで試着できますか?
[난챠쿠마데 시챠쿠 데키마스까?]

TIP 일본에서는 입어볼 수 있는 옷의 수량이 제한되어 있다.

· 이건 안 입어 봤어요.　　これ、まだ試着していま
せん。
[코레 마다 시챠쿠시테 이마셍.]

· 이거 살 거예요.　　これ、買います。
[코레 카이마스.]

07 사이즈 🐗　　サイズ
[사이즈]

· 사이즈가 어떻게 되세요?　　サイズはいかがなさいま
すか?
[사이즈와 이카가 나사이마스까?]

· 커요.　　大きいです。
[오-키-데스.]

· 작아요.　　小さいです。
[치-사이데스.]

· 더 큰 걸로 주세요.　　もっと大きいのください。
[몯또 오-키-노 쿠다사이.]

· 더 작은 걸로 주세요.　　もっと小さいのください。
[몯또 치-사이노 쿠다사이.]

쇼핑

08 전통적인 것

でんとうてき
伝統的なもの
[덴토–테키나모노]

· 전통적인 물건 있어요?

でんとうてき
伝統的なものありますか?
[덴토–테키나모노 아리마스까?]

· 전통적인 음식 있어요?

でんとうてき　りょうり
伝統的な料理ありますか?
[덴토–테키나 료–리 아리마스까?]

· 여기서 선물하기 좋은 것 있어요?

**ここで、プレゼントするの
にいいものはありますか?**
[코코데 프레젠토 수루노니 이이모노와 아
리마스까?]

09 지역

ち いき
地域
[치이키]

· 이 지역에서 유명한 게 뭐예요?

ち いき　　ゆうめい
**この地域で有名なものは
何ですか?**
なん
[코노 치이키데 유–메–나 모노와 난데스까?]

· 지역 특산품 있어요?

ち いき　　とくさんひん
地域の特産品はありますか?
[치이키노 톡상힝와 아리마스까?]

· 여기서 선물하기 좋은 것 있어요?

**ここで、プレゼントするの
にいいものはありますか?**
[코코데 프레젠토 수루노니 이이모노와 아
리마스까?]

10 포장 📦

ラッピング／包装
[랍핑구/호-소-]

· 포장해 주세요.

ラッピングしてください。
[랍핑구시떼쿠다사이.]

· 포장은 이거 하나만 해주세요.

ラッピングはこれひとつだけにしてください。
[랍핑구와 코레 히토츠다케니 시떼쿠다사이.]

· 포장하는 데 얼마예요?

ラッピング料金はいくらですか?
[랍핑구료-킹와 이쿠라데스까?]

· 제가 포장할게요.

自分でラッピングします。
[지분데 랍핑구시마스.]

11 추천 👍

おすすめ
[오스스메]

· 추천할 만한 옷 있어요?

おすすめの服ありますか?
[오스스메노 후쿠 아리마스까?]

· 추천할 만한 선물 있어요?

おすすめのプレゼントはありますか?
[오스스메노 프레젠토와 아리마스까?]

쇼핑

· 부모님 선물 추천해
  주세요.

両親にプレゼントするも
のを何かおすすめしてく
ださい。

[료-신니 프레젠토 스루모노오 나니카 오스
스메시떼 쿠다사이.]

· 남자친구 선물 추천해 주
  세요.

彼氏にプレゼントするも
のを何かおすすめしてく
ださい。

[카레시니 프레젠토 스루모노오 나니카 오
스스메시떼 쿠다사이.]

· 이 신발이랑 어울릴 만한
  걸로 추천해 주세요.

この靴に似合うものを何
かおすすめしてくださ
い。

[코노 쿠츠니 니아우모노오 나니카 오
스스메시떼 쿠다사이.]

· 이 옷이랑 어울릴 만한
  걸로 추천해 주세요.

この服に似合うものを何か
おすすめしてください。

[코노 후쿠니 니아우모노오 나니카 오
스스메시떼 쿠다사이.]

12 선물

プレゼント
[프레젠토]

· 선물로 주려고요.

プレゼントしたいんですが。
[프레젠토 시타인데스가.]

· 선물 포장해 주세요.

プレゼント用にラッピン
グしてください。
[프레젠토요-니 랍삥구시떼 쿠다사이.]

· 선물로 뭐가 좋은가요?

プレゼントには何_{なに}がいい
ですか?

[프레젠토니와 나니가 이이데스까?]

· 이거 선물로 어때요?

これ、プレゼントにどう
ですか?

[코레 프레젠토니 도-데스까?]

13 지불

支払_{し はら}い
[시하라이]

· 지불은 어떻게
하시겠어요?

支払_{し はら}いはどういたしますか?
[시하라이와 도-이타시마스까?]

· 신용카드 되나요?

クレジットカード使_{つか}えま
すか?

[크레짇또 카-도 츠카에마스까?]

· 현금으로 할게요.

現金_{げんきん}で。
[겡킹데.]

· 면세되나요?

免税_{めんぜい}できますか?
[멘제- 데키마스까?]

14 할인

割引_{わり び}き
[와리비키]

· 할인되나요?

割引_{わり び}きできますか?
[와리비키데키마스까?]

쇼핑

· 할인 쿠폰 있어요.

割引きクーポンあります。

[와리비키 쿠-퐁아리마스.]

15 세일

セール

[세-루]

· 이거 세일해요?

これ、セール商品ですか?

[코레 세-루쇼-힝 데스까?]

· 이거 세일 금액이에요?

これ、セールされた値段ですか?

[코레 세-루사레타 네단데스까?]

· 이건 세일 품목이 아닙니다.

これは、セール対象外です。

[코레와 세-루 타이쇼-가이데스.]

16 영수증

レシート

[레시-토]

· 영수증 드릴까요?

レシートいりますか?

[레시-토 이리마스까?]

· 영수증 주세요.

レシートください。

[레시-토 쿠다사이.]

· 영수증 안 주셨어요.

レシートもらってません。

[레시-토 모랃떼마셍.]

· 영수증 필요해요.

レシートが必要です。

[레시-토가 히츠요-데스.]

17 둘러보는 거예요 🔊 ただ見てるだけです
[타다 미떼루다케데스]

· 그냥 보는 거예요.

ただ見てるだけです。
[타다 미떼루다케데스.]

· 도움이 필요하면
부를게요.

必要なときに声かけます。
[히츠요-나토키니 코에 카케마스]

· 이거 있어요?

これありますか?
[코레 아리마스까?]

· 다른 거 있어요?

他の物ありますか?
[호카노 모노 아리마스까?]

· 색깔 다른 거 있어요?

他の色ありますか?
[호카노 이로 아리마스까?]

· 큰 거 있어요?

大きいのありますか?
[오-키-노 아리마스까?]

· 작은 거 있어요?

小さいのありますか?
[치-사이노 아리마스까?]

· 진열 안 되어 있던 거
있어요?

これ、新しいのありますか?
[코레, 아타라시-노 아리마스까?]

쇼핑

18 향수

香水
[코-스이]

· 향수 보려고요.
香水を見たいのですが。
[코-스이오 미타이노데스가.]

· 이거 시향해 볼게요.
これ試してみます。
[코레 타메시떼미마스.]

· 달콤한 향 있어요?
甘い香りがするのはありますか?
[아마이 카오리가 스루노와 아리마스까?]

· 상큼한 향 있어요?
フレッシュな香りはありますか?
[후렛슈나 카오리와 아리마스까?]

19 화장품

化粧品
[케쇼-힝]

· 화장품 보려고요.
化粧品を見たいんですが。
[케쇼-힝오 미타인데스가.]

· 화장품 코너 어디예요?
化粧品コーナーはどこですか?
[케쇼-힝 코-나-와 도코데스까?]

· 블러셔 보여주세요.
チーク見せてください。
[치-크 미세떼 쿠다사이.]

· 립스틱 보여주세요.　　　　リップスティック見せて
　　　　　　　　　　　　ください。
　　　　　　　　　　　　[립쁘스틱크 미세떼 쿠다사이.]

· 파운데이션 보여주세요.　　ファンデーション見せて
　　　　　　　　　　　　ください。
　　　　　　　　　　　　[환데-숀 미세떼쿠다사이.]

· 마스카라 보여주세요.　　　マスカラ見せてください。
　　　　　　　　　　　　[마스카라 미세떼쿠다사이.]

20 시계 ⏰　　　　時計
　　　　　　　　　　　　[토케-]

· 손목시계 보려고요.　　　　腕時計を見たいんですが。
　　　　　　　　　　　　[우데도케-오 미타인데스가.]

· 여자 시계로요.　　　　　　女性用の時計で。
　　　　　　　　　　　　[죠세-요-노 토케-데.]

· 남자 시계로요.　　　　　　男性用の時計で。
　　　　　　　　　　　　[단세-요-노 토케-데.]

· 어린이 시계로요.　　　　　こども用の時計で。
　　　　　　　　　　　　[코도모요-노 토케-데.]

쇼핑

21 가방

かばん
[카방]

· 가방 보려고요.

かばん見たいんですが。
[카방미타인데스가.]

· 숄더백 보여주세요.

ショルダーバッグ見せて
ください。
[쇼루다-박구 미세떼 쿠다사이.]

· 토트백 보여주세요.

トートバッグ見せてくだ
さい。
[토-토박구 미세떼 쿠다사이.]

· 클러치 보여주세요.

クラッチバッグ見せてく
ださい。
[크랏치 박구 미세떼 쿠다사이.]

· 지갑 보려고요.

財布見たいんですが。
[사이후 미타인데스가.]

· 남자 지갑 보여주세요.

男性用の財布見せてくだ
さい。
[단세-요-노 사이후 미세떼 쿠다사이.]

· 여자 지갑 보여주세요.

女性用の財布見せてくだ
さい。
[죠세-요-노 사이후 미세떼 쿠다사이.]

22 주류 🎎

お酒
[오사케]

· 주류는 어디서 사요?
お酒はどこで買いますか?
[오사케와 도코데 카이마스카?]

· 위스키 보여주세요.
ウィスキー見せてください。
[위스키-미세떼 쿠다사이.]

· 발렌타인 보여주세요.
バレンタイン見せてください。
[바렌타인 미세떼 쿠다사이.]

· 잭다니엘 보여주세요.
ジャック・ダニエル見せてください。
[작크다니에르 미세떼 쿠다사이.]

· 와인 보여주세요.
ワイン見せてください。
[와잉 미세떼 쿠다사이.]

· 제가 몇 병 살 수 있어요?
私、何本買えますか?
[와타시난봉카에마스까?]

23 깨지기 쉬워요 🏆

割れやすいです
[와레야스이데스]

· 이거 깨지기 쉬워요.
これ、割れやすいです。
[코레 와레야스이데스.]

· 조심하셔야 해요.
気をつけてください。
[키오츠케떼 쿠다사이.]

· 잘 포장해 주세요.
しっかり包装してください。
[싯카리 호-소-시떼 쿠다사이.]

쇼핑

위급상황 필요한 단어

01	돈 냈어요	^{かねはら}お金払いました [오카네 하라이마시따]
02	교환	^{こうかん}交換 [코-캉]
03	환불	^{へんきん}返金 [헹킹]
04	이미	もう、すでに [모- 스데니]
05	너무 작아요	^{ちい}小さすぎです [치- 사스기데스]
06	너무 커요	^{おお}大きすぎです [오-키스기데스]
07	안 맞아요	^あ合いません [아이마셍]

빨리찾아 말하면 OK!

· 이미 돈 냈어요.
もうお金払いました。
[모-오카네 하라이마시따!]

· 공평하지 않네요.
それ、フェアじゃないです。
[소레, 훼아쟈 나이데스.]

· 경찰을 불러줘요.
警察を呼んでください。
[케-사츠오 욘데 쿠다사이.]

· CCTV 확인해 보세요.
防犯カメラ確認してみて
ください。
[보-항카메라 카쿠닝시떼미떼 쿠다사이.]

· 통역을 불러요.
通訳を呼んでください。
[츠-야크오 욘데쿠다사이.]

· 교환하고 싶어요.
交換したいんですが。
[코-캉시타인데스가.]

· 영수증 있으세요?
レシートはありますか?
[레시-토와 아리마스까?]

· 왜 교환하시려고요?
どのような理由で交換な
されますか?
[도노요-나 리유-데코-칸나사레마스까?]

· 어떤 걸로 교환하시겠어요?
どんなものに交換いたし
ますか?
[돈나모노니 코-캉이타시마스까?]

쇼핑

호텔 152p   식당 188p   관광 234p   쇼핑 262p   귀국 288p   283

· 고장났어요.　　　　　　壊れました。
[こわ]
[코와레마시따.]

· 마음에 안 들어요.　　　　気に入りません。
[き][い]
[키니이리마셍.]

· 사이즈 때문에요.　　　　サイズのせいで。
[사이즈노 세-데.]

· 이거 환불하고 싶어요.　　これ、返金したいんですが。
[へんきん]
[코레 헹킹시타인데스가.]

· 왜 환불하시려고 하세요?　どのような理由で返金な
[り ゆう][へんきん]
されますか?
[도노요-나 리유-데 헹킹나사레마스까?]

· 결제하셨던 카드 있으세요?　お支払いしていただいた
[し はら]
クレジットカードはお持
[も]
ちですか?
[오시하라이 시떼 이타다이타 크레짇도카-
도와 오모치데스까?]

· 이미 포장을 뜯긴 했어요.　もう開けてしまいましたが。
[あ]
[모- 아케떼 시마이마시타가.]

· 근데 안 썼어요.　　　　　でも、使っていません。
[つか]
[데모 츠칻떼이마셍.]

· 다시 한번 확인하세요.　　もう一度、確認してくだ
[いち ど][かくにん]
さい。
[모-이치도 카쿠닝 시떼 쿠다사이.]

· 너무 작아요. 　　　　小さすぎます。
[치-사스기마스.]

· 큰 걸로 바꿔 주세요. 　　大きいのに換えてください。
[오-키-노니 카에떼 쿠다사이.]

· 너무 커요. 　　　　　　大きすぎます。
[오-키스기마스.]

· 작은 걸로 바꿔 주세요. 　小さいのに換えてください。
[치-사이노니 카에떼 쿠다사이.]

· 이거 안 맞아요. 　　　　これ、サイズが合いません。
[코레 사이즈가 아이마셍.]

· 다른 걸로 주세요. 　　　別のものにしてください。
[베츠노모노니 시떼 쿠다사이.]

쇼핑

자신 있게 외쳐라~
日本語で話してみよう!

🎧 듣고 따라해 보세요.
PART 09-2

다른 사이즈는 있나요?
他のサイズはありますか?

[호카노 사이즈와 아리마스카?]

· 큰 사이즈 : 大きいサイズ [오-키- 사이즈]
· 작은사이즈 : 小さいサイズ [치-사이 사이즈]
· 다른 컬러 : ほかのカラー[호카노 카라-]

죄송해요! 실수였어요!
すみません。わざとじゃないんです。

[스미마셍. 와자토쟈 나인데스.]

변상해야 하나요?
弁償しないといけませんか?

[벤쇼- 시나이토 이케마셍카?]

쇼핑

PART 10

귀국할 때

구국할 때

많은 단어를 알 필요 없다
왜? 말할 게 뻔하니까!

🎧 **듣고 따라해 보세요.**
PART 10-1

01	확인	かくにん 確認 [카쿠닝]
02	변경	へんこう 変更 [헹코-]
03	연착	おく 遅れ [오쿠레]
04	요청	ようせい 要請 [요-세-]
05	환승	の　　つ 乗り継ぎ [노리츠기]
06	반납	へんきゃく 返却 [헹카쿠]
07	제한	せいげん 制限 [세-겐]

빨리찾아 읽으세요

01 확인 🔍

確認
<ruby>確認<rt>かくにん</rt></ruby>
[카쿠닝]

· 제 비행기 확인하고 싶은데요.

私の飛行機を確認したいのですが。
[와타시노 히코-키오 카쿠닝시타이노데스가]

· 제 티켓 확인하고 싶은데요.

私のチケットを確認したいのですが。。
[와타시노 치켇또오 카쿠닝시타이노데스가]

· 제 자리 확인하고 싶은데요.

私の席を確認したいのですが。
[와타시노 세키오 카쿠닝시타이노데스가]

02 변경 🧳

変更
<ruby>変更<rt>へんこう</rt></ruby>
[헹코-]

· 비행기 변경하려고요.

飛行機の変更をしたいのですが。
[히코-키노 헹코-오 시타이노데스가.]

· 티켓 변경하려고요.

チケットの変更をしたいのですが。
[치켇또노 헹코-오 시타이노데스가.]

· 자리 변경하려고요.

席を変更したいのですが。
[세키오 헹코-시타이노데스가.]

귀국

03 연착

遅れ
[오쿠레]

· 비행기가 연착되었습니다.　飛行機が遅れています。
[히코-키가 오쿠레떼이마스.]

· 얼마나 기다려요?　どれくらい待ちますか?
[도레쿠라이 마치마스까?]

· 다른 비행기로 바꿀 수　他の飛行機に変更できま
있어요?　す か?
[호카노 히코-키니 헹코-데키마스까?]

04 요청

要請
[요-세-]

· 기내식을 채식으로　機内食を菜食にしてほし
요청하려고요.　いんですが。
[키나이쇼쿠오 사이쇼쿠니 시떼호시인데스가.]

· 어린이 기내식　こども用の機内食をお願
요청하려고요.　いします。
[코도모요-노 키나이쇼쿠오 오네가이시마스.]

· 미리 요청은 안 했어요.　前もって要請はしていません。
[마에몯떼 요-세-와 시떼이마셍.]

· 지금 요청이 불가능해요?　今はだめですか?
[이마와 다메데스까?]

05 환승

乗り継ぎ
[노리츠기]

· 저 환승 승객인데요.

乗り継ぎなんですが。
[노리츠기난데스가.]

· 환승라운지 어디예요?

乗り継ぎラウンジはどこですか?
[노리츠기라운지와 도코데스까?]

· 경유해서 인천으로 가요.

経由してインチョンに行きます。
[케-유시테 인천니 이키마스.]

06 반납

返却
[헹캬쿠]

· 휴대폰 반납하려고요.

携帯を返却したいのですが。
[케-타이오 헹캬쿠 시타이노데스가.]

· 렌트카 반납하려고요.

レンタカーを返したいのですが。
[렌타카-오 카에시타이노데스가.]

호텔 152p   식당 188p   관광 234p   쇼핑 262p   귀국 288p

07 제한

制限
[세-겐]

· 중량 제한이 얼마예요?

重さの制限はどれくらい
ですか?
[오모사노 세-겐와 도레쿠라이데스까?]

· 기내 중량 제한은요?

機内に持ち込む荷物の重
さ制限はどれくらいですか?
[키나이니 모치코무 니모츠노 오모사 세-겐
와 도레쿠라이데스까?]

말만하니? 난 듣기도 돼!

🎧 **듣고 따라해 보세요.**
PART 10-2
질문을 했을 때 상대방이 할 수 있는 대답을 미리 예상해보고 발음을 들어보세요.

코레, 키나이니 모치코메마스까?
これ、機内に持ち込めますか?

이거 기내에 가지고 들어갈 수 있어요?

① 나카미와 난데스까?
中身は何ですか?

안에 들어있는
것이 원가요?

② 나카오 미세떼 모라에마스까?
中を見せてもらえますか?

안을 보여주시겠어요?

③ 코레나라 다이죠-부데스.
これなら大丈夫です。

이거면 괜찮아요.

④ 코레와 다메데스.
これはだめです。

이것은 안 됩니다.

⑤ 토랑크니 이레테 쿠다사이.
トランクに入れてください。

트렁크에 넣어주세요.

⑥ 키나이에노 모치코미와 킨시토 낱테 오리마스.
機内への持込は禁止となっております。

기내에는 가지고 갈 수 없습니다.

위급상황 필요한 단어

01 잃어버렸어요 　失くしました
[나쿠시마시타]

02 놓쳤어요 　乗り過ごしました
[노리스고시마시타]

03 다음 비행편 　次のフライト
[츠기노 후라이토]

빨리찾아 말하면 OK!

· 제 항공권을 잃어버렸어요.
チケットを失くしてしまいました。
[치켇또오 나쿠시테 시마이마시타.]

· 제 여권을 잃어버렸어요.
パスポートを失くしてしまいました。
[파스포-토오 나쿠시테 시마이마시타.]

· 제 수하물표를 잃어버렸어요.
手荷物預り証を失くしてしまいました。
[테니모츠 아즈카리쇼-오 나쿠시테 시마이마시타.]

· 제 비행기를 놓쳤어요.
飛行機を乗り過ごしました。
[히코-키오 노리스고시마시타.]

· 비행기를 놓쳤는데, 누구한테 물어봐요?
飛行機を乗り過ごしたんですが、誰に聞けばいいですか?
[히코-키오 노리스고시탄데스가 다레니 키케바 이이데스카?]

· 다음 비행편은 언제예요?
次のフライトはいつですか?
[츠기노 후라이토와 이츠데스카?]

· 전 어떡하나요?
私はどうすればいいですか?
[와타시와 도-스레바 이이데스카?]

자신 있게 외쳐라~
日本語で話してみよう!

🎧 듣고 따라해 보세요.
PART 10-3

(게이트에서) 한국 가는 거 맞나요?

韓国行きであってますか?

[캉코쿠유키데 앗테 마스카?]

게이트를 착각했습니다. 이 게이트까지 어떻게 가나요?

ゲートを間違えたんですが、このゲートまでどうやって行きますか?

[게-토오 마치가에탄 데스가, 코노 게-토마데 도-얏테 이키마스카?]

여기서 얼마나 걸리나요?

ここからどれぐらいかかりますか?

[코코카라 도레구라이 카카리마스카?]

호텔 152p 　　식당 188p 　　관광 234p 　　쇼핑 262p 　　귀국 288p

귀국

떠나자 일본으로!!

일본 여행이 즐거워지는 필수 정보

PART 1 여행정보 얻기

일본 기본정보

수도 : 도쿄
언어 : 일본어
국가번호 : 81
사용화폐 : 엔[100JPY = 936.41KRW](2023.6 기준)
기후 : 우리나라와 비슷
전압 : 110v, 콘센트는 일자형 2구
물가 : 대체적으로 우리나라와 비슷하거나 살짝 높은 편
특이점 : 도로, 운전석이 우리나라와 좌우가 반대

일본의 관광안내소 이용하기

위의 심볼 마크가
있는 관광안내소가
일본관광청의 인증
을 받은 곳이다.

일본에서는 외국어로 상담이나 안내에 대응할 수 있는 외
국인 여행자용 관광안내시설이 2012년 말부터 일본 전국에
300곳 이상 설치되어 운영되고 있다.
이곳에서는 각 지역의 관광 정보나 가이드 맵 이외에 호텔 예
약지원, 관광 시설의 입장권 판매 등을 실시하고 있는 곳도 있
다.
일본 정부 관광국 : www.welcometojapan.or.kr

일본 여행에 도움이 되는 어플

〈지하철 어플-Japan transit〉
일본 전국 지하철의 노선과 환승 경로를 검색할 수 있는 애플리케이션이다. 한국어로 이용이 가능하며 첫차막차 시간과 여러 환승 경로를 추천 순으로 제공한다. 일본인도 필수로 사용하는 앱으로 무료 환승이 없는 일본에서 매우 유용할 앱이다.

〈맛집 어플-食べログ〉
일본 맛집 관련 애플리케이션이다. 음식점에 대한 평가와 별점을 보고서 찐맛집에 도전할 수 있다. 예약 시스템이 있으므로 꼭 가고 싶었던 가게가 있다면 간편하게 예약할 수 있어 유용한 앱이다. 다만 아쉽게도 일본만 지원하며, 일본 계정으로만 앱을 다운 받아볼 수 있으므로 홈페이지로 접속하여 후기사진과 별점을 잘 보고 실패없이 맛집에 가보자. (별점 5점 만점에 3점만 넘어도 맛집이라고 한다.)

〈미용 어플-HOT PEPPER Beauty〉
일본의 미용 관련 애플리케이션이다. 미용실이나 네일샵, 마사지샵 등 미용 관련 가게들의 정보와 후기를 제공하며 예약을 할 수 있다. 아쉽게도 일본어만 지원하고 있으나 후기 사진이 많으므로 잘 살펴보자. 앱을 통해 예약 시 쿠폰이나 할인이 많이 되므로 일본의 미용을 체험해 보고 싶다면 유용할 앱이다.

PART 2 가기 편한 일본 주요 도시

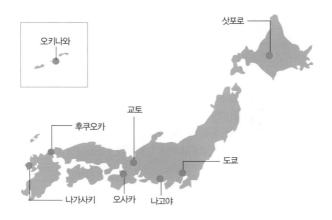

오키나와

삿포로

후쿠오카

교토

도쿄

나가사키   오사카   나고야

일본의 서울, 도쿄!

도쿄 도는 일본의 47개 도도부현 중 하나로 메이지 시대 이후 사실상 일본의 수도. 한국의 서울과 매우 닮아있으며, 쇼핑, 맛집투어, 관광 등 두루두루 즐길 수 있는 일본 최대의 관광지이다. 한국인 관광객이 워낙 많다보니, 한국어로 된 안내판을 자주 접할 수 있고, 주변에서 한국인들도 쉽게 만날 수 있다는 게 단점이라면 단점.

도쿄에서 가볼 만한 관광 명소

★ **신주쿠** 일본 전철 난이도 최상! 출구만 200여 개. 세계 1위의 이용객 수를 자랑하는 신주쿠역. 정신차리지 않고 걷다보면 미아되기 십상! 그만큼 쇼핑몰 및 구경거리 그리고 먹을거리가 밀집되어 있고, 한 번쯤은 들어봤을 일본의 유흥가 가부키쵸가 바로 이곳에 위치해 있다.

★ **시부야** 일본 젊은이들의 메카! 세련되고 개성있는 일본의 젊은이들을 느낄 수 있고, 최신 트렌드를 경험할 수 있는 곳! 충견으로 유명한 하치코 동상은 시부야역의 랜드마크!

★ **긴자** 일본의 번화가의 대명사격인 존재이자 세계적인 고급 상점가. 번화가, 골동품점 등으로 그 이름이 언급되고 있다. 서울의 명동과 인사동을 합쳐 놓은 것과 비슷하며, 아시아 최초의 맥도날드가 개업하였다.

★ **하라주쿠** 고딕 로리타와 비주얼 케이, 데코라, 코스프레를 포함한 다양한 스타일의 옷을 입은 젊은이들이 하라주쿠에 모여 하루를 보낸다. 많은 젊은이들이 하라주쿠와 이웃한 메이지 신궁 지역을 연결하는 보행교인 진구교에서 모인다. 하라주쿠는 독특한 거리 패션으로 유명한 세계 패션의 중심지!

★ **아키하바라** 속칭 아키바라고도 부른다. 일본의 고도 경제 성장과 함께 전자기기와 하드웨어 및 소프트웨어를 취급하는 상점이 늘어선 세계 최대의 전자상가로 발전했다. 비디오 게임과 애니메이션 붐이 일어난 이후 애니메이션 상점과 취미 상점 등이 대거 밀집한 지역으로도 유명해졌다.

제2의 도시, 일본의 부산! 오사카

오사카 시는 일본 오사카 부의 도시로 우리나라의 부산과 많이 닮아있다. 오사카의 시민들은 굉장히 활기찬 것이 특징. 일본 개그맨들은 보통 사투리를 많이 사용하는데 대부분 오사카 사투리이다. 평소 알고 있던 일본어와는 또 다른 매력이 있는 오사카 사투리를 들어보는 재미도 있는 오사카!

오사카에서 가볼 만한 관광 명소

★ **도톤보리** 먹거리로 유명한 오사카의 대표 먹자골목! 다양하고 맛있는 음식은 물론, 독특하고 개성넘치는 간판들을 구경하는 재미도 있는 곳! 이곳을 방문하기 전 허리띠는 꼭 느슨하게 해두어야 한다!

★ **쓰텐카쿠** 쓰텐카쿠는 오사카 부 오사카 시 나니와 구에 있는 신세카이 중심부에 있는 전망대이다. 국가가 지정한 유형문화재이며 관광명소로 알려져 있다. 우리나라에서는 통천각으로도 불리고 있다.

일본인의 마음의 고향, 천년수도! 교토

교토 시는 일본 혼슈 중앙부에 있는 교토 부의 도시로 과거 일본의 수도였다. 우리나라와 비교하자면 경주와 비슷한 곳이라고 할 수 있다. 계획도시였기 때문에 도시의 구획이 광장하게 잘 잡혀 있다는 것이 특징. 전통 일본의 분위기를 느끼고 싶다면 무조건 교토를 추천!

교토에서 가볼 만한 관광 명소

★ **기요미즈데라** 기요미즈데라는 교토 부 교토 시 히가시야마 구에 있는 사원이다. 봄에는 벚꽃으로 뒤덮인 언덕, 여름에는 싱그러운 초록 물결, 가을에는 붉게 물들며, 겨울에는 우아한 나무들로 계절마다 아름다운 경관을 자랑한다. 본당은 2020년 보수공사와 재단장을 마쳤으며, 사원은 유네스코 세계유산으로 지정된 고도 교토의 문화재의 일부이다.

★ **금각사** 일본의 정식 명칭은 로쿠온지. 로쿠온지는 일본 교토 부 교토 시 기타 구에 있는 정자이다. 이 정자는 사찰에서 핵심 관광지가 되었다. 비공식적인 명칭으로는 킨카쿠지(금각사)이다. 이 금각의 누각은 원래 1397년 쇼군인 아시카가 요시미쓰가 은퇴 후 별장으로 사용하기 위해 건립되었다. 그의 아들은 이 건물을 린자이학파의 선불교 사원으로 변경시켰다. 이 사원은 오닌 전쟁 동안 여러 번 연소되었다.

★ **은각사** 일본의 정식 명칭은 지쇼지. 지쇼지는 일본 교토 부 교토 시 사쿄 구에 위치한 절이다. 비공식적인 명칭은 긴카쿠지(은각사)이다. 아시카가 요시마사는 1460년 무렵에 은퇴 후에 살 저택과 정원을 만들 계획을 세웠다. 요시마사는 사후에 재산을 처분해 선종에 기증했다. 정식 명칭은 히가시야마지쇼지이다. 절은 오늘날 임제종의 분파인 쇼코쿠지와 관계를 맺고 있다. 관음전은 절의 주요 구조물이다. 이것은 1482년 2월 21일에 건설되기 시작했다.

★ **철학의 길** 철학의 길은 은각사와 난젠지를 연결하는 쾌적한 산책길이다. 1km가 넘는 길에 벚나무가 심어져 있는데, 봄에 교토에서 벚꽃 구경을 할 수 있는 가장 인기 있는 장소들 중 하나이다. 이 벚나무는 보통 4월 중순부터 꽃이 만개하기 시작한다. 길은 약 2킬로 정도 이어지며, 은각사에서 시작해서 난젠지에서 끝난다. 일본의 유명한 철학자 중 한 명인 니시다 기타로가 매일 교토대학으로 가는 길에 명상을 즐긴 길이었다는 점 때문에 〈철학의 길〉이라는 이름이 붙었다.

아시아의 관문, 후쿠오카!

후쿠오카 시는 후쿠오카 현의 현청 소재지이다. 일본 전국에서 8번째, 규슈 지방에서는 제일 인구가 많은 도시이다. 1972년에 정령지정도시로 지정되었다. 부산에서 고속선으로 3시간 거리에 있고, 도쿄와 중국 상하이의 중간에 위치하고 있다. 이처럼 한반도, 중국과 지리적으로 가깝기 때문에 '아시아를 향한 국제 도시'를 지향하고 있다. 에도 막부의 쇄국정책이 시작되기 이전의 중세까지 하카타에는 일본과 아시아의 무역항이 있었다.

후쿠오카에서 가볼 만한 관광 명소

★ **야타이** 저녁 6시를 기점으로 캐널시티 뒤편, 나카스 강을 따라 불빛들이 하나 둘 들어오기 시작한다. 일본 특유의 분위기가 물씬 풍기는 야타이(포장마차) 거리는 후쿠오카의 볼거리다. 하루 일과를 마치고 시원한 맥주 한 모금을 들이키면 하루의 피로가 싸악 가시는 느낌이다!

★ **캐널시티** 후쿠오카의 종합 멀티 쇼핑몰로 운하를 둘러싸는 듯한 독특한 외관이 볼거리다. 매일 매시간 정각에 음악과 함께하는 분수쇼는 큰 쇼핑몰을 돌아다니면서 지친 다리를 쉬게 할 수 있는 좋은 볼거리이다.

일본 최초의 개항지, 나가사키

나가사키 시는 일본 규슈 북서쪽에 있는 도시이다. 나가사키 현의 현청 소재지이기도 하며 일본의 국가 핵심 도시로 지정되어 있다. 예부터 외국의 관문으로 발전된 항구 도시이다. 에도 시대에는 일본 내에서 유일하게 해외와 무역을 하던 항구 도시로 그 당시의 자취를 전하는 사적이 다수 존재한다. 일본 최초의 무역항이었던 데지마에서 재건된 가옥이나 창고, 다른 건물을 걸어서 둘러보며 전성기 시절을 느낄 수 있다.

★ 카스텔라 선명한 노란색에 묵직한 질감, 질리지 않는 달콤함, 바로 나가사키의 명물 카스텔라카 표현할 수 있는 말인 것 같다. 나가사키에는 일본 3대 카스텔라 제조사인 쇼오켄, 분메이도, 후쿠사야의 카스텔라를 맛볼 수 있다.

★ 나가사키짬뽕 일본식 짬뽕. 본래 중국의 초마면이 일본의 대외무역항이던 나가사키 시로 전래되어 일본식으로 변형, 정착한 일본 요리이다. 짬뽕(ちゃんぽん)이라는 단어도 일본에서 만들어진 것으로, 의외로 중국어나 한국어가 기원이 아니다. 따라서 애초에 짬뽕이라는 단어 자체에 나가사키 짬뽕이라는 의미가 함의되어 있으나, 대한민국에서 짬뽕은 이미 나가사키 짬뽕과는 상당히 다른 요리로 변하고 말았다.

일본의 하와이~! 오키나와

오키나와 현은 일본 최남단에 있는 현이며 오키나와 섬을 시작으로 류큐 제도를 포함한다. 현청 소재지는 나하 시이다.

오키나와에서 가볼 만한 관광 명소

★ 추라우미 수족관 추라우미 수족관은 흔히 일본에서 최고의 수족관으로 알려져 있다. 추라우미 수족관에서 가장 최고의 볼거리는 거대한 구로시오 수조로, 세계에서 가장 큰 수조 중에 하나이다. 수조의 이름은 오키나와의 다양한 바다에서 큰 일부를 차지하는 따뜻한 구로시오 해류에서 따온 것이다. 수조 안에는 다양한 종류의 바다 생물이 있으며, 가장 인상적인 것은 거대 고래상어와 쥐가오리이다.

★ **미하마 아메리카 빌리지** 미하마 아메리칸 마을은 대형 엔터테인먼트 복합공간으로 오키나와 본토의 중심에 있다. 많은 미군부대가 이 지역에 있으며, 미국을 테마로 한 엔터테인먼트 복합공간은 이곳에서 지내고 있는 미국인들에게는 정겨운 분위기를, 오키나와 사람들에게는 흥미로운 볼거리를 제공하고 있다. 미하마 아메리칸 마을은 커다란 미국식 쇼핑몰을 따라 지은 것으로, 수많은 가게와 식당, 카페, 넓은 주차장이 있다.

겨울에는 역시! 삿포로

삿포로 시는 일본 홋카이도의 도청 소재지이자 정치, 경제의 중심 도시이다. 일본의 정령지정도시 중 하마마쓰 시, 시즈오카 시 다음으로 면적이 넓고 일본 도시 중 5번째로 인구가 많다.

삿포로에서 가볼 만한 관광 명소

★ **눈축제** 1950년에 지역 중, 고등학생들이 눈으로 만든 조각 6개를 오도리 공원에 전시한 것이 시초가 된 삿포로 눈축제는 지금은 일본 국내외로부터 약 200만 명 이상이 찾는 삿포로 겨울의 일대 이벤트로 자리매김하게 되었다.

PART 3 일본의 숙소와 교통 이용하기

일본의 숙소

❶ 에어비앤비

- **★가격** 2,000 ~ 10,000엔
- **★식사** 비성수기에는 무료로 제공하는 곳이 있다.
  예약 시 문의하자.
- **★장점** 언어소통의 불편함이 없다.
  상대적으로 경제적이다.
  다른 여행객과 정보를 교환하거나 친분을 쌓을 수 있다.
- **★단점** 침실과 욕실을 공동으로 사용한다.
  외국인, 일본인과 만날 기회가 적다.
  세면도구, 수건 등의 비품을 개인이 준비해야 한다.
- **★예약** 에어비앤비 (https://www.airbnb.co.kr/)

❷ 유스호스텔

- **★가격** 3,000엔 ~ 5,000엔
- **★식사** 유료로 이용하는 경우가 많으나,
  저렴한 편이다.
- **★장점** 단체여행이나 다수가 여행할 경우
  에 경우 편리하다.
  경제적으로 이용할 수 있다.
  많은 사람들과 만날 수 있다.
  다양한 문화체험활동을 할 수 있는
  곳도 있다. (사전예약 필요)

침실과 욕실을 공동으로 사용한다.
도심 외곽에 위치한 곳이 많아 이동이 불편하다.
세면도구, 수건 등의 비품을 개인이 준비해야 한다.

★ 예약 일본 유스호스텔 홈페이지 (http://www.jyh.or.jp/)
하이 호스텔 (https://www.hihostels.com/)
호스텔월드 (http://www.korean.hostelworld.com/)

❸ 게스트하우스

★ 가격 2,000엔 ~ 20,000엔
★ 식사 조식을 제공하는 경우가 많고, 비
용이 저렴할수록 식사는 포함되지
않는 경우가 많다.

★ 장점 다양한 국적의 사람들과 교류할
수 있다.
비품 대여가 가능하다. (유료)
게스트 하우스 운영자가 현지인일
경우 유익한 현지 정보를 얻을 수 있다.
영어로 의사소통이 가능하다.
★ 단점 침실과 욕실을 공동으로 사용한다.
방이 좁은 경우도 있다.
★ 예약 에어비앤비 (www.airbnb.co.kr/)
민다 (http://theminda.com/main/index.php)
아고다 (www.agoda.com)

④ 비즈니스 호텔

* **가격** 5,000엔 이상
* **식사** 예약 시 선택할 수 있고, 유료이다.
* **장점** 대체적으로 역 근처에 위치해 있
어 접근성이 좋다.

1인실이기 때문에 쾌적하고 편하
게 이용할 수 있다.
욕실과 화장실이 포함되어 있다.
무선 인터넷 이용이 편리하다.
세면도구 및 수건 등의 비품이
제공된다.
호텔에 따라 주변 관광지의 입장권 할인쿠폰을 제공하는 곳이 있다.
* **단점** 민박, 유스호스텔, 게스트하우스에 비해 가격이 비싸다.
시기에 따라 가격 변동폭이 크다.
욕실 및 화장실이 좁은 경우가 많다.
* **예약** 아고다 (www.agoda.com)
자란넷 (www.jalan.net)
익스피디아 (www.expedia.co.kr)
* **특이
사항** 일본에는 캡슐호텔이라는 성인 남자 한 명이 겨우 들어가는 숙소가 있다.
일본의 이색 호텔이므로, 기회가 되면 한 번쯤 이용해 보는 것은 어떨
까?

⑤ 료칸

* **가격** 15,000엔 이상
* **식사** 유료로 이용 가능
* **장점** 일본식 방인 다다미방을 체험해
볼 수 있다.

노천온천이 딸린 료칸이라면
온천욕도 할 수 있다.

* **단점** 고급 료칸의 경우는 호텔 수
준의 가격대로, 여행자들에게
부담스러울 수 있다.

* **예약** 아고다 (www.agoda.com)
자란넷 (www.jalan.net)
익스피디아 (www.expedia.
co.kr)
호텔스닷컴 (kr.hotels.com)

⑥ 호텔

* **가격** 20,000엔 ~ 50만엔
* **식사** 조식이 대부분 포함되어 있다.
* **장점** 가장 편하고 쾌적한 숙소이다.
* **단점** 가격이 비싸다.
* **예약** 아고다 (www.agoda.com)
자란넷 (www.jalan.net)
익스피디아 (www.expedia.co.kr)
호텔스닷컴 (kr.hotels.com)

TIP 일본의 숙소를 예약할 때의 TIP

① 일본의 명절, 골든위크, 축제 시즌에 여행을 준비중 이라면 3개월 전에 예약해 둔다.
  - 정월 : 12월 말부터 1월 초
  - 골든위크 : 4월 말부터 5월 초(보통 4월 29일부터 5월 5일)
  - 오봉 : 매년 양력 8월 15일을 중심으로 약 4일 정도
② 비성수기에는 고급 숙소도 보다 경제적인 가격에 이용해 볼 수 있다.
③ 인터넷 등을 통해 예약만하고, 결제는 현지에서 가능한 경우도 있다. (라쿠텐, 자란넷)
④ 예약 후 취소할 경우 수수료가 있는지 반드시 확인하자.

일본의 교통수단

종류	전철	지하철	버스	택시
기본요금	140엔~	180엔~	210엔~	410엔~

상기요금은 동경기준이며, 일본 사정 및 지역에 따라 변동될 수 있습니다.

❶ 전철, 사철, 지하철, JR

일본의 철도는 칼 같은 시간과 높은 안전성으로 유명하다. 일본 내에서 이동하기에 가장 편리한 교통수단이기도 하다. 또한 거미줄같이 복잡한 노선, 호환이 안되는 환승 체계는 일본을 처음 방문하는 여행자들에게 충격일 수 있지만, 표지판이 잘 되어 있기 때문에 표지판만 잘 읽으면서 간다면 헤매지 않을 수 있다.

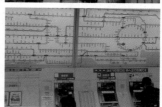

동경의 경우 기본요금이 140엔 정도이다. 기본요금은 한국과 비슷하나 구간별로 붙는 추가 금액은 한국보다 다소 높기 때문에, 하루에 3~4곳 이상을 이동할 생각이라면 1일 승차권을 구매하는 게 교통비를 절약할 수 있다.

신칸센 이용요금 및 시간 정보 (동경 ↔ 신오사카)

열차종류	소요시간	편도	왕복
노조미(のぞみ)	2시간 27분	자유석 13,870엔 지정석 14,520엔 1등석 19,390엔	자유석 27,740엔 지정석 29,040엔 1등석 38,780엔
히카리(ひかり)	2시간 54분	자유석 13,870엔 지정석 14,200엔 1등석 19,070엔	자유석 27,740엔 지정석 28,400엔 1등석 38,140엔
코다마(こだま)	3시간 54분	자유석 13,870엔 지정석 14,200엔 1등석 19,070엔	자유석 27,740엔 지정석 28,400엔 1등석 38,140엔

신칸센은 한국의 KTX와 같은 일본의 특급열차로 가격이 비싸다. 일본 JR 열차 여행을 준비중이라면, 일본의 유레일 패스와 비슷한 JR 패스를 이용하는 것도 비용을 절감하는 방법이다. 단, JR 패스 이용은 JR선만 이용이 가능하므로, 여행 루트를 선택할 때 이 점은 유의하도록 하자.★

〈신칸센 타는곳〉

〈신칸센 내부〉

*** 전철, 사철, 지하철, JR 이용시에 유용한 단어들 ***

시간표	**時間表**	[지캉효-]
매표소	**チケット売り場**	[치켇토 우리바]
~ 방면	**~方面**	[~호-멘]
~ 행	**~行き**	[~유키]
환승	**乗り換え**	[노리카에]
내리다	**降りる**	[오리루]
타다	**乗る**	[노루]
승차권	**乗車券**	[죠-샤켕]
1일 승차권	**1日乗車券**	[이치니치 죠-샤켕]
역무원	**駅員**	[에키잉]
목적지	**目的地**	[모쿠테키치]
어른	**大人**	[오토나]
유아	**幼児**	[요-지]
아이	**小人 / 子ども**	[쇼-닝/코도모]
중·고등학생	**中学生 / 高校生**	[츄-각세-/코-코-세-]
타는 곳	**乗り場**	[노리바]
곧	**まもなく**	[마모나쿠]
현금	**現金**	[겡킹]
정산	**精算**	[세-산]

❷ 버스

대도시·지방도시에 관계없이 다양한 회사의
정기노선 버스가 운행되고 있다. 운임은 각
회사에 따라 다르지만 시내순환버스의 경우
200엔 전후이다. 일부는 다국어 서비스를 실
시하지 않는 경우가 있으므로 일본어가 통하
지 않는 방문객에게는, 이용에 다소 어려움이
있을 수도 있다. JR은 도쿄와 다른 주요 도시
(JR 버스 네트워크) 사이에 장거리 버스를 운
영하고 있다. 장거리 버스 이용은 때로는 교
통체증을 감수해야 하는 경우도 있으나 요금
은 신칸센보다 저렴하다. JR 이외의 다른 버
스회사에서도 주요 도시 간 버스 여행을 제
공하고 있다. 일본 시내버스의 특징은 뒤에서
타고 앞에서 내린다는 점이다. 교통카드가 없

는 외국인 여행자들은 버스에 탑승할 때 '정
리권'을 뽑고, 내릴 때 요금을 지불하면 된다. 요금은 버스 앞쪽에 위치한 전광판에 적
혀 있다. 뽑은 정리권에 적혀있는 숫자 아래에 적힌 금액만큼 지불하면 된다. 버스요
금은 동전만 낼 수 있고, 기사님 근처에 지폐를 동전으로 바꾸어주는 기계가 있으니,
동전을 준비 못했다면 이 기계에서 동전으로 환전 후에 요금을 내도록 하자.

★★★ 버스 이용시에 유용한 단어들 ★★★

시간표	**時間表** [지캉효-]
내리다	**降りる** [오리루]
타다	**乗る** [노루]
승차권	**乗車券** [죠-샤켄]
티켓	**チケット** [치켇또]
왕복	**往復** [오-후쿠]
편도	**片道** [카타미치]
목적지	**目的地** [모쿠테키치]
버스 정류장	**バス停** [바스테-]
타는 곳	**乗り場** [노리바]
정리권	**整理券** [세-리켄]
입구	**入り口** [이리구치]
출구	**出口** [데구치]
잔돈	**お釣り** [오츠리]
현금	**現金** [겡킹]
환전	**両替** [료-가에]

TIP 일본에서 버스 탈 때의 TIP

① 한국처럼 앞에서 타서 뒤로 내리는 버스는 균일요금이다.
② 일본에서는 고객이 내릴때까지 기다려주기 때문에 주행중에는 자리에서
   일어서지 않는다.

❸ 택시

일본의 도시에는 많은 수와 종류의 택시가 달리고 있으며 지방에도 역이나 공항주변에 택시 승강장이 있어 택시는 대단히 편리한 이동수단의 하나이다. 일본어를 말하지 못한다 해도 일본어로 써진 주소나 명함을 제시하면 목적지까지 정확하게 데려다 준다. 빈 택시는 조수석 윗쪽에 적색 램프가 점등되어 있으며, 이런 택시를 향해 손을 들면 선다. 왼쪽 뒷자석으로 승/하차하며 운전수가 자동으로 문을 열고 닫아주므로 문에 다가설 때는 주의해야 한다. 기본요금은 지역에 따라 다르나 도쿄의 경우 400엔 이상으로, 비싼 편이다.

★★★ 택시 이용시에 유용한 단어들 ★★★

가는 곳	**行き先** [유키사키]
잔돈(거스름돈)	**おつり** [오츠리]
어느쪽	**どちら** [도치라]
여기	**ここ** [코코]
~ 까지	**~まで** [~마데]
안전벨트	**シートベルト** [시-토베르토]
운전수	**運転手** [운텐슈]
택시 정거장	**タクシー乗り場** [타쿠시- 노리바]

PART 4 일본즐기기 - 기본매너

해외여행을 가는 한국인은 한국의 대표얼굴이라고 할 수 있다.
한 나라의 대표로서 외국에 나가 매너 없는 행동을 하여 눈총 받지 않도록 미리
알고 가자.

1 흡연은 꼭 지정된 곳에서만 합니다.
   (걸어가면서 담배를 피는 행동은 벌금을 낼 수도 있습니다.)
2 길거리에 쓰레기나 담배꽁초를 버리지 않습니다.
3 비 오는 날, 대중교통 안에서 우산은 꼭 접어주세요.
4 대중교통에서 휴대폰은 매너모드로 전환하고, 통화는 하지 않습니다.
5 노약자석 근처에서는 휴대폰의 전원은 끕시다.
   (페이스 메이커 착용자 배려)
6 대중교통에서는 내리는 사람들이 다 내린 후에 차례대로 탑승합니다.
7 자리를 양보할 때 강요하지 않습니다.
8 검지 손가락으로 사람을 가리키지 않습니다.

PART 5 일본즐기기 - 놀거리

❶ 나에게 엽서보내기

인터넷, 스마트기기가 발달하면서 우표가 붙은 편지나 엽서를 받아본 적이 얼마
나 있을까? 요즘은 그런 기다림의 설렘을 택배 기사님에게 기대하고 있는 사람들

도 많지 않은가? 잘 알지도 못하는 택배 기사님만 하염없이 기다리지 말고 여행지에 가서 나에게 직접 엽서를 보내보자. 오글거리는 멘트라도 좋다. 그 순간 느낀 감정을 솔직하게 담아보자. 비록 손발은 오글 거릴 수 있어도, 정말 기억에 남는 순간이 될 것이다.

일본우체국 이용시간 : 지역마다 다르지만, 보통 오후 5시 전까지 가면 이용할 수 있다.

이용요금 : 100엔 이하 (엽서가격 별도)

TIP 조금 더 특별한 추억을 위한 SECRET TIP

〈후지산 정상에서 엽서보내기〉
매년 7월 중순부터 8월 하순까지의 여름시즌에 한정하여 후지산 정상에 우체국이 개설된다. 일본을 대표하는 명산이자, 일본에서 가장 높은 곳에 있는 우체국에서 보내는 엽서는 조금 더 특별한 추억을 선사해 줄 것이다.
주소 : 〒418-0011 静岡県富士宮市粟倉地先(富士山頂)

② 일본에서 현지인과 사귀기

해외 여행을 가서 현지인과 어울려서 함께 놀 수 있다면 그것보다 더 좋은 추억은 없을 것이다. 말이 통하지 않는데 어떻게 현지인과 어울릴 수 있겠느냐고 겁을 먹을 필요는 없다. 우리에겐 세계 공용어인 바디 랭귀지가 있고, 시원스쿨 여행 일본어가 있다!

현지인과 친구가 되는 가장 좋은 방법은 진심으로 대하는 방법과 자신감 그리고 계속해서 말을 걸어야 한다는 점이라는 것을 잊지 말고 이번 일본 여행에서는 일본인 친구 만들기에 한번 도전해 보자!

단, 싫어하거나 귀찮아 하는 기색의 일본인에게 계속해서 말을 거는 것은 오히려 화가 될 수 있으니 분위기를 읽으면서 시도하도록 하자!!

한국에 와본 적 있습니까?
→ 韓国に来たことありますか?
  [캉코쿠니 키타코토 아리마스까?]

일본어가 아직 능숙하지 못해서요… 영어로 말해도 괜찮을까요?
→ 日本語がまだ上手じゃなくて… 英語で話してもいいですか?
  [니홍고가 마다 죠―즈쟈 나쿠테…에―고데 하나시떼모 이이데스까?]

한국에서 왔어요.
→ 韓国から来ました。
  [캉코쿠카라 키마시따.]

실례가 아니라면 함께 놀아도 될까요?
→ よかったら一緒に遊んでもいいですか?
  [요캇타라, 잇쇼니 아손데모 이이데스까?]

친구가 되고 싶어요.
→ 友達になりたいです。
  [토모다치니 나리타이데스]

함께 사진을 찍고 싶어요.
→ 一緒に写真撮りたいんですけど。
  [잇쇼니 샤신 토리타인데스케도.]

메일 주소 알려주실 수 있어요?
→ メールアドレス、教えてもらえますか?
  [메―루 아도레스, 오시에떼 모라에마스까?]

인스타그램 합니까?
→ インスタグラムしてますか?
  [인스타그라무 시테마스까?]

맞팔해요!
→相互フォローしましょう!
  [소―고 호로―시마쇼―]

좋아하는 유튜버가 있습니까?
→ 好きなユーチューバーがいますか?
[스키나 유-츄-바-가 이마스까?]

요즘 일본에서 인기있는 앱은 무엇입니까?
→ 最近日本で流行ってるアプリは何ですか?
[사이킨 니혼데 하얗테루 아푸리와 난데스까?]

어떤 스포츠를 좋아합니까?
→ どんなスポーツが好きですか?
[돈나 스포-츠가 스키데스까?]

여행 가본 곳 중 가장 좋았던 곳은 어디입니까?
→ 旅行に行った所の中で、一番良かったのはどこですか?
[료코-니 잇타 토코로노 나카데 이치방 요캇타노와 도코데스까?]

○○에 대해서 대단히 흥미가 있어요.
→ ○○についてとても興味があります。
[○○니 츠이테 토테모 쿄-미가 아리마스]

○○에 대해 좀 더 얘기해 주실 수 있어요?
→ ○○のこともっと話してもらえますか?
[○○노코토 몯토 하나시떼 모라에마스까?]

한국에 대해 흥미가 있습니까?
→ 韓国について興味がありますか?
[캉코쿠니 츠이테 쿄-미가 아리마스까?]

한국에 돌아가서도 연락해도 될까요?
→ 韓国に戻ってからも連絡していいですか?
[캉코쿠니 모돋테카라모 렌라쿠시테 이이데스까?]

한국에 오면 안내해줄게요.
→ 韓国に来たら案内してあげますよ。
[캉코쿠니 키타라 안나이시떼 아게마스요]

❸ 일본에서 스포츠 즐기기

먹거리 볼거리 많은 일본이지만, 스포츠를 좋아하는 사람이라면 일본의 스포츠 경기를 관전해 보는 것도 기억에 남는 여행이 될 것이다.

〈축구 / 야구 관전하기〉

1 인터넷으로 경기를 검색한다.

　호텔을 이용중이라면 프론트에 부탁해보자.

2 당일 표가 없을 수도 있기 때문에 미리 예매하는 게 좋다.

　편의점에서 예매할 수 있다.

3 치켓토피아 (http://t.pia.jp/) 에서도 예매할 수 있다.

　(일본어만 지원, 회원가입이 필요)

1 축구

요금은 경기에 따라 천차만별이고, 보통 2,100엔부터 시작한다. 게임 시간은 전후 반전 각각 45~55분 정도이며, 정성룡, 권경원, 오세훈 등 한국인 선수들이 활약하고 있는 팀들도 있다. 혹시 일본 체류 기간 중에 기회가 된다면 일본 팀에서 활약하고 있는 자국선수를 응원하러 가는 것도 좋을 것 같다.

> **TIP** 축구 경기를 즐기는 TIP
>
> ① 오프사이드는 부심을 체크!!
> ② 룰을 몰라도 시합을 즐기는 마음가짐이 중요!!
> ③ 볼을 가지고 있는 선수에게 주목!!
>
> J 리그 시합 일정 : http://www.jleague.jp/match/
> J 리그 시합 티켓 구매 : http://www.jleague.jp/ticket/

² 야구

일본의 국민 스포츠 야구. 요금은 구장, 자리에 따라 다르고 1,000엔에서 30,000엔 선이다. 6회 이후 입장하는 경우는 저렴하게 구매할 수 있다. 경기 시간은 2~3시간 정도이고, 연장전을 할 경우에는 4시간 이상 걸리는 경우도 있다.

TIP 야구 안내 ·······

일본 프로야구 경기 일정: https://npb.jp/games/2023/schedule_06_
detail.html

일본 프로야구 상품 구매: http://shop.npb.or.jp/npbshop

³ 코시엔

코시엔은 일본 효고현에 위치한 구장의 이름을 말하지만, 통상적으로 일본 전국 고등학교 야구 선수권 대회를 지칭하기도 한다. 봄철에 선발 대회를 하고, 본 대회는 8월 경에 약 2주 정도에 걸쳐서 진행되는데, 이 기간은 일본의 각종 매체에서 앞다퉈 보도하는 큰 이벤트이다.

티켓은 편의점(LAWSON)이나 치켓토피아를 통해서 구매할 수 있으며, 결승전 경기는 당일권으로만 구매가 가능하다. 외야석의 경우는 무료이고, 다른 좌석은 1,500엔~2,000엔 정도이다.

¹ 스키

일본의 스키장은 풍부한 적설량에 파우더 스노우라고 불릴 만큼 눈의 질이 뛰어나 스키의 묘미를 제대로 즐길 수 있다. 질 좋은 눈 위에서 타는 스키는 속도감이 뛰어나 스키의 진수를 맛볼 수 있다. 일본은 적설량이 풍부해 약 200여개 이상의 스키장에서 늦은 봄까지도 스키를 즐길 수 있어서 스키를 좋아하는 사람이라면 가까운 일본에서 꼭 스키를 타보기를 추천!

TIP 테마별 추천 스키장

스피드 매니아	니가타 나에바 스키장, 나가노 시가고원 스키장, 야마가타 자오 온천 스키장, 이와테 앗피고원 스키리조트, 홋카이도 니세코 스키장, 이와테 시즈쿠이시 프린스 스키장
가족, 연인과 함께	니가타 나에바 스키장, 홋카이도 오타루 온천 별장 스키장, 이와테 시즈쿠이시 프린스 스키장, 야마가타 자오 온천 스키장, 나가노 하쿠바, 아오모리 스키장
5월 중순까지 이용가능한 스키장	오쿠타다미 마루야마, 묘코고원세키온센, 타니가와다게 텐진 타이라, 핫코타, 시가고원 시부토우게, 시가고원 요코테산, 센조지키, 가구라, 마운틴 파크 츠난, 다테야마산가쿠(6월 하순까지), 갓산(7월 하순까지)

² 골프

아름다운 숲과 고원, 해안선이 있는 나라 일본. 여름에는 북부지방과 중부 산악지대의 시원한 고원에서, 겨울에는 남부지방의 따뜻한 아열대 리조트에서 아름다운 자연경관과 어우러져 골프를 칠 수 있다. 일본에서는 국제경기가 많이 개최되는 만큼 세계 정상급 수준의 골프장이 많다.

오키나와, 미야자키, 가고시마, 나가사키, 사가, 후쿠오카, 와카야마, 아이치, 시즈오카, 가루이자와, 지바, 니이가타, 야마가타, 이와테, 아키타, 아오모리, 홋카이도 등에 매력적인 골프 코스가 마련되어 있다.

3 트래킹

아름다운 자연과 아기자기한 일본의 풍경 속을 직접 걸으며 느끼는 트래킹. 일본에는 단순한 걷기 여행이 아닌 조금은 특별한 트래킹 코스들이 준비되어 있다. 일본의 올레길 규슈 올레, 세계 유산 구마노 고도, 일본의 상징 후지산, 홋카이도의 자연 등 다양한 코스들이 있다.

* 트래킹 코스에 따라 비용이 들거나, 사전에 서류 작성을 요구하는 경우도 있으니,
  일본에서 트래킹을 준비하고 있다면 정보를 꼼꼼하게 살펴보도록 하자!

4 마라톤

인생은 마라톤. 나와의 싸움. 마라톤과 관련된 많은 수식어들이 있다. 최근에는 인생의 버킷리스트에 마라톤을 추가하는 사람들도 늘고 있는데, 기록이 아닌 완주를 목표로 마라톤 자체를 즐기는 시민 마라톤이 일본에서도 하나의 축제처럼 진행되고 있다.

시민 마라톤은 보통 하루 전에 참가를 받기 때문에 외국인들도 쉽게 참여할 수 있고, 평소에 차로만 이동하며 보던 관광지의 풍경을 직접 걷고 달리며 여유롭게 감상할 수 있다. 또 재미있는 의상을 입고 참가하는 사람들을 구경하는 재미도 있다. 일본의 대표적인 시민 마라톤은 도쿄 마라톤, 오사카 마라톤 그리고 오시카와 마라톤이 있고 2~3월 중에 개최된다. 다른 지역에서 열리는 시민 마라톤 역시 덥지 않은 10~3월 사이에 많이 개최된다.

5 캠핑

최근 캠핑족들이 많이 늘어나고 있는 것 같은데, 국내에서만 즐기지 말고 일본의 자연도 만끽해 보자. 일본의 캠핑장에서는 일본 각 지역의 특산품을 이용한 바비큐 파티를 즐길 수 있고, 독특한 체험 프로그램에도 참가해볼 수 있다.

대표적으로 대마도, 미야자키, 후쿠오카, 시즈오카의 캠핑장이 유명하다.

TIP 일본에서 캠핑을 즐기는 포인트

① 풍요로운 자연을 만끽하기
② 일본 특산품의 맛을 느껴보기
③ 체험 프로그램에 참가해보기
  일본의 캠핑장 정보 : http://www.campjo.com/ (일본어만 지원)

⁶ 마린스포츠

바다로 둘러싸인 섬나라 일본에서는 사계절 따뜻한 오키나와를 비롯하여 많은 지역에서 다양한 마린 스포츠를 즐길 수 있다. 대표적으로 미야자키, 오키나와가 유명하다.

체험 가능한 종목으로는 서핑, 다이빙, 웨이크 보드, 스노클링, 카누(카약), 마린 워커 등이 있다. 단순히 관광하고 쇼핑하고 먹는 것으로 그치지 않고 일본의 아름다운 바다를 경험하는 것은 특별한 일본 여행의 기억을 만들 수 있을 것이다.

🅞 오타쿠 문화

애니메이션, 만화의 강국 일본. 다양한 장르의 작품들이 많기 때문에 마니아, 통칭 오타쿠도 많다. 오타쿠 문화는 애니메이션을 보는 것에서 그치지 않고, 코스프레를 하거나, 피규어를 모으거나, 동인지를 만드는 등 좋아하는 캐릭터와 작품에 애착을 가지고 적극적으로 '즐기고 노는' 문화이다. 이런 문화는 일본 내 뿐만이 아니라 전세계적으로 유명하다.

도쿄의 아키하바라에서 이들의 문화를 잘 느낄 수 있다. 게임센터, 호스트 카페, 메이드 카페, 코스프레, 관련 상품 판매샵 등 오타쿠의 진면목을 느껴볼 수 있다. 그리고 일본에서는 애니메이션의 배경지가 된 곳을 방문하는 이른바, '성지순례'

가 이루어지고 있다. 만화를 좋아하고 특별한 여행을 하고 싶다면, 아니메 성지순
례에 도전해 보자!

JAPAN anime Map

http://www.welcometojapan.or.kr/attractions/anime/japmap.html
+) 지브리 애니메이션을 좋아하는 사람이라면, 동경 미타카에 위치한
  지브리 미술관을 방문해보자. 단, 사전예약제이기 때문에 예약은 필수이다.

ⓒ 일본의 축제 즐기기

일본은 4계절이 뚜렷한 나라로, 계절마다 볼거리가 다양하다. 특히, 봄철에 일본
전역을 핑크색으로 수놓는 벚꽃은 놓쳐서는 안 되는 볼거리로, 경치가 아름다운
지역은 이 시기를 맞이하여 숙소를 구하는 데 많은 어려움이 있을 수 있으니, 일
본에서 꽃놀이를 계획하는 중이라면 숙소는 3개월 전에 예약해 놓도록 하자.

1 꽃놀이(花見 하나미)

일본에서는 3월 말~4월 초에 전국에 벚
꽃이 만발한다. 봄이 오는 것을 축하하며
꽃을 감상하는 것이 꽃놀이(하나미)다. 낮
에 벚꽃나무 아래에 돗자리를 펴고 꽃놀
이를 하는 것이 일반적이지만, 밤 벚꽃을
감상하면서 밤에 꽃놀이를 하기도 한다.

2 불꽃놀이(花火大会 하나비타이카이)

보통 7~9월이 되면, 전국 곳곳에서 야
타이(포장마차)와 함께 불꽃놀이축제가
열린다. 유카타를 입고 불꽃놀이를 구경
하는 일본인들을 볼 수가 있다.

³ 과일&야채 수확하기(果物 & 野菜狩り 쿠다모노 & 야사이가리)

5월 중순~9월 초 전국에서 각지의 신선한 과일과 야채들을 직접 수확해서 먹을 수 있는 이벤트이다. 사과, 딸기, 포도, 체리, 감자, 옥수수, 콩 등 종류도 다양하다.

⁴ 단풍놀이(紅葉狩り 모미지가리)

봄에 꽃놀이가 있다면, 가을에는 단풍놀이가 있다. 10월 말~11월 말 일본 전국에서 붉게 물든 단풍을 볼 수 있다.

⁵ 겨울축제(冬祭り 후유마츠리)

11월 말~2월 초에 열리는 겨울축제는, 눈이 많이 내리는 동북지방에서 주로 열린다. 얼음으로 조각상을 만들거나, 눈으로 만든 대형 미끄럼틀 등 각지에서 눈과 얼음을 이용해 각지에서 다양하게 축제를 즐길 수 있다.

⁶ 일루미네이션(イルミネーション 이루미네―숀)

11월 말~3월 말 전국에서 일루미네이션을 볼 수 있다. 일루미네이션은 전구나 네온관 등을 이용해 간판, 풍경, 인물 등의 형태를 만들어 장식하는 것인데, 깜깜한 밤에 감상하고 있으면 마치 동화 속에 들어온 듯하다.

❶ 신사(진쟈) / 절(테라)

일본의 다신교 문화를 대표하는 단어가 있다. 바로 '야오요로즈노 카미(八百万の神)'인데, 800만의 신이라는 뜻이다. 다신교 문화인 만큼 각각의 신들을 모시는 신사가 일본에는 곳곳에서 볼 수 있다. 신사마다 모시는 신이 관장하는 분야가 다르기 때문에, 학문, 연애, 건강, 순산 등 목적에 맞춰(?) 전국의 신사를 찾는 사람들이 많다.

1 부적

일본의 신사나 절에 가면 볼 수 있는 것 중에 하나로 부적이 있다. 지켜준다는 뜻의 오마모리라고 하는 이 부적은 금전, 연애, 사업, 공부, 출산, 건강 등 다양한 종류가 있다. 1,000엔 미만의 가격으로 구매할 수 있으며, 보통 1년에 한 번씩 새 부적으로 교환하고, 열어보지 않는 것이 관습이다. 일본에서는 가방에 이 오마모리를 달고 다니는 사람들을 간혹 볼 수가 있다.

2 운세 뽑기

운세를 점쳐보는 오미쿠지는 200엔 내외의 금액으로 해볼 수가 있다. 숫자가 적힌 나무막대기를 뽑아서 해당 번호의 서랍을 열어서 꺼내보는 방법도 있고, 그냥 하나의 통에서 무작위로 운세종이를 뽑는 방법도 있는데, 신사나 절에 따라 운세종이를 뽑는 방법은 다르다. 오미쿠지를 펼치면 대개 〈대길-중길-소길-길-흉〉

중에 하나가 나온다. 그리고 총운, 건강, 사업, 학문, 사람, 직장, 연애 등에 대해서 상세하게 운세가 적혀 있다. 안 좋은 운세인 〈흉〉이 나온 경우에는 신사에 묶고 나오면 액땜을 해준다는 관습이 있다.

³ 에마

일본의 신사나 절에서는 그림이 그려진 나무판자를 볼 수 있는데, 이것은 에마라고 한다. 이 판자에 소원을 적고 그것이 이루어지길 바라면서 걸어둔다. 가격은 2,000엔 정도 한다. 간혹 수많은 에마들 속에서 한글을 발견하는 재미도 있다.

❺ 온천

화산이 많은 나라인 일본은 전국에 온천이 많이 있다. 온천 입욕을 하면 피부가 매끈해지고 신진대사가 원활하게 이루어지니 여행 후에 지친 심신을 온천으로 달래면 좋을 것이다.
온천으로 유명한 지역은 유후인, 벳푸, 하코네 등이 있다.

〈온천 이용하는 방법〉
¹ 문신을 한 사람들은 입장이 안 될 수도 있다.
² 몸을 간단히 씻고 나서 온천을 이용한다.
³ 때를 밀지 않는다.
⁴ 개인 수건을 잘 챙긴다. 그리고 수건은 온천물에 넣으면 안 된다.
⁵ 장시간 온천 안에 있으면 빈혈 때문에 어지럼증이 생길 수 있다.
⁶ 온천의 좋은 성분을 흡수시키기 위해서 입욕 후에 따로 몸을 씻지 않아도 된다.
⁷ 입욕 후에는 물이나 음료수로 수분 보충을 한다.

¹ 도쿄 디즈니랜드

도쿄와 가까운 지바현에 있는 미국의 디즈니랜드를 재현한 테마파크로, 마치 동화 속에 들어온 듯한 느낌이 물씬 난다. 꿈과 희망을 주는 분위기와 놀이기구, 퍼레이드 등 볼거리 또한 많아 즐거운 시간을 보낼 수 있다. 테마별로 놀이기구가 구성되어 있어서 취향에 맞게 즐길 수 있으며, 디즈니랜드답게 귀여운 미키마우스, 도널드덕, 푸 등 디즈니의 캐릭터 상품을 파는 쇼핑몰이 많이 있다.

· **원데이 패스포트** :　어른(만 18세이상) 8,400엔
　　　　　　　　　　　청소년(만 12~17세) 7,000엔
　　　　　　　　　　　어린이(만 4세~11세) 5,000엔

· **애프터 6 패스포트** : 어른/청소년/어린이 균일 요금 4,800엔

· **운영시간** : 오전 9시 ~ 밤 10시 (매일 운영시간이 다르기 때문에 사이트 참조)

· **홈페이지** : https://www.tokyodisneyresort.jp/kr/tdl/

² 유니버설 스튜디오 재팬

오사카에 있는 영화를 주제로 한 테마파크다. 할리우드, 뉴욕, 샌프란시스코, 쥬라기공원, 애머티 빌리지, 유니버설 원더랜드, 워터월드, 위저딩 월드 오브 해리포터로 테마가 나눠져 있다. 멋드러지는 서부 느낌의 건물들과 장식들이 마치 외국에 나와있는 듯한 착각이 들게 한다.

· **원데이 스튜디오 패스** : 성인(만 12세이상) 8,600엔(세금 포함)
　　　　　　　　　　　　　어린이(4~11세) 5,600엔(세금 포함)
　　　　　　　　　　　　　노인(만 65세 이상) 7,700엔(세금 포함)

· **유니버설 익스프레스 패스 (어트랙션 대기없이 바로 탑승가능한 티켓)**
　유니버설 익스프레스 패스 프리미엄(전부 가능) 어른/어린이/노인 38,700엔(세금 포함)
　유니버설 익스프레스 패스 7(7가지 가능) 어른/어린이/노인 23,800엔(세금 포함)
　유니버설 익스프레스 패스 4(4가지 가능) 어른/어린이/노인 15,800~18,800엔
　(세금 포함)
　※입장일에 따라 가격 상이, 익스프레스 패스는 입장권 구매 시 추가 구매 가능

·운영시간 : 오전 8시 30분 ~ 저녁 9시 (운영시간이 매번 다르므로 사이트 참조)

·홈페이지 : http://www.usj.co.jp/kr/

³ 후지큐 하이랜드

야마나시 근처에 있는 테마파크로, 스릴 넘치는 어트랙션이 가득한 테마파크이다. 다양한 어트랙션의 종류로 기네스북에 오르기도 했으며, 일본에서 가장 길고 무서운 귀신의 집으로 유명하기도 하다. 짜릿한 롤러코스터를 좋아하는 롤러코스터 마니아라면 디즈니랜드보다는 후지큐 하이랜드를 추천한다.

·프리패스 : 어른 6,000엔 / 중고등학생 5,500엔 / 어린이 4,400엔

·나이트 프리패스 : 어른 4,100엔 / 중고등학생 3,800엔 / 어린이 3,500엔

　※나이트 프리패스는 오후 3시부터 이용 가능

·이용시간 : 오전 9시 ~ 오후 5시 (이용시간은 변경될 수 있음)

·홈페이지 : http://www.fujiq.jp/

PART 6 일본즐기기 - 살거리

일본에서 쇼핑을 즐기자

일본에는 아기자기한 소품들과 재미있고 독특한 아이디어 상품들이 많아서 구경하고 사진찍는 것 만으로도 시간가는 줄 모를만큼 즐거운 시간을 보낼 수 있다.

❶ 100엔숍

이걸 정말 100엔으로 살 수 있을까? 라는 생각이 들만큼 괜찮은 퀄리티의 상품들이 제법 있는 일본의 100엔숍. 주방용품, 문구, 생활용품, 음식 등 종류 장르를 가리지 않고 구매할 수 있다. 그냥 안부인사 주고받는 정도의 지인에게 줄 선물들을 이곳에서 사는 사람들도 있다. 가격대는 대부분 100엔 (세금제외) 이지만, 간혹 200~300엔 짜리도 있다. 비닐우산도 100엔으로 살 수 있다.

❷ 돈키호테

일본에 왔으면 이곳은 반드시 들러야 한다는 여행객의 성지. 먹을 것, 화장품, 가짜 명품, 전자제품, 패션용품, 성인용품, 매니아 용품, 다이어트 제품 등 없는거 빼고 다 있는 종합 잡화점 돈키호테. 특이한 제품들이 정말 많아서 하나하나 구경 하다보면 어느새 쇼핑 아이템이 한가득이다. 일본 잡화점 중에 가장 저렴하다. 오죽하면 풀네임이 '초저가 전당, 돈키호테' 일까. 일정 금액 이상 구매하면 면세가 되는 곳이기 때문에 웬만하면 이곳을 이용하는 것이 득이다.

홈페이지 : www.donki.com

③ 도큐핸즈

이곳을 한 바퀴 돌면 집을 지을 수 있다고 알려져 있는 잡화 전문 쇼핑몰이다. 돈키호테보다는 고급진 상품들이 많고, DIY 제품 종류가 많다는 특징이 있다. 여성들보다는 남성들이 더 좋아할 만한 상품들이 많은 곳이다.
홈페이지 : www.tokyu-hands.co.jp

④ 로프트

도큐핸즈와 함께 일본을 대표하는 종합 잡화점 중에 하나이다. 노란색 간판이 눈에 띄는 잡화점이다. 모던하고 감각적이면서 실용적인 제품들 그리고 아기자기하고 여심을 자극하는 제품들이 많다.
홈페이지 : www.loft.co.jp

⑤ 드러그 스토어

한국의 올리브영 같은 곳으로, 생필품, 화장품, 일반의약품, 건강보조식품 등을 구매할 수 있다. 일본 곳곳에서 볼 수 있으며 규모와 상품군도 각양각색이다. 필수 쇼핑 품목에 리스트업 되어 있는 휴족시간, 눈약, 퍼펙트 휩 같은 제품들을 구할 수 있다. 드러그 스토어마다 가격이 다르기 때문에 발품을 팔다보면 같은 제품을 조금 더 저렴하게 구매할 수 있다!

⑥ BOOK-OFF

중고책이나 만화책을 저렴하게 구매할 수 있는 중고 서점이다. 책 뿐만이 아니라 영화나 드라마 등의 중고 DVD도 구매할 수 있다. 신간은 많이 싸지는 않지만, 책이 워낙 비싼 일본에서 이곳을 이용하면 훨씬 저렴하게 책을 살 수 있다. 중고라고 해서 책이 낡았을 것이라는 오해는 금물! 상태가 좋은 책들이 정말 많다! 그리고 운이 좋으면 정말 읽고 싶었던 책을 200엔 정도에 구매할 수도 있다.
홈페이지 : www.bookoff.co.jp

⑦ 전자제품 : 아키하바라

아키하바라는 오타쿠 문화의 중심지이기도 하면서 일본 전자제품의 메카이기도 하다. 이곳은 용산 전자상가와 같은 곳이라고 이해하면 좋은데 카메라나, 렌즈 등의 광학, 전자제품을 한국보다 훨씬 저렴한 가격으로 구매할 수 있다. 게다가 일정 금액 이상 구매하면 면세 혜택도 받을 수 있어서 일석이조다. 단, 일본어만 지원되는 기기도 있으니 구매할 때는 꼭 확인하도록 하자. 요도바시 카메라, 비꾸 카메라, 야마다 덴키가 유명하다.

일본 필수 쇼핑 리스트

① 명품 손수건

일본에서는 명품 브랜드의 손수건을 1000엔대로 저렴하게 구매할 수 있다. 여심을 자극하는 귀엽고 사랑스러운 디자인부터 다양한 색상과 소재가 구비되어 있으니 일본에 간다면 선물용, 혹은 본인이 사용하기 위해 꼭 명품 손수건을 둘러보면 좋겠다.

② 말차맛 과자

고운 녹차 가루를 그대로 물에 타먹는 말차. 일반 녹차보다 맛이 진하다. 일본에는 이 말차의 맛을 응용한 다양한 과자들이 있다. 일본에 다녀온 티를 내려면 말차맛 과자 한 개 정도는 선물용으로 꼭 구매하자. 맛도 좋다!

③ 로이스 초콜릿

한국에도 몇 군데 지점이 있지만, 초콜릿 치고 상당한 몸값을 자랑한다. 일본에서는 비교적 저렴하게 구매할 수 있다. 생초콜릿을 가장 많이 구매하고, 크런치 초콜릿과 초코 감자칩도 인기 상품이다.

④ 다이어트 보조제품

일본은 다이어트 보조제의 왕국이라고 불러도 손색없을 만큼 다이어트 보조제가 많다. 칼로리 커트제, 지방 흡수 억제제, 탄수화물 흡수 억제제, 식사대용 식품 등 용도와 종류가 손에 꼽기 힘들정도로 다양하다. 한국에서 직구나 구매대행을 이용하는 것보다 훨씬 저렴하게 구매할 수 있다.

⑤ 다케다 한방 변비약

최근, 일본 여행객들이 많이 사온다는 다케다 한방 변비약! 이름에서 알 수 있듯이 한방 생약으로 이루어진 변비약으로 꽤 효과가 좋다고 한다. 자연에 존재하는 약재들을 이용하기 때문에 부작용 걱정이 거의 없다는 것이 장점.

⑥ 곤약 젤리

특히 한국인들에게 인기를 끌고 있는 젤리. 젤라틴 대신 곤약의 분말을 사용해 만든 젤리로, 굉장히 쫄깃하고 말랑말랑한 식감이 최고다!

⑦ 퍼펙트 휩

일본을 방문한 여성 여행객이라면 반드시 몇 개는 쟁여가는 아이템이다. 한 뷰티 관련 프로그램의 블라인드 테스트 1위를 달성하고 일본에서도 베스트셀러인 클렌징 폼. 선물용으로 부담없이 구매할 수 있다.

⑧ 눈약

일본의 눈약은 특유의 청량감 때문에 호불호가 갈리지만, 좋아하는 사람들에게는 중독될만큼 사랑받고 있다. 효능 효과에 따라 종류도 다양하고, 귀여운 캐릭터 디자인의 한정상품도 출시되고 있다.

⑨ 로이히 츠보코

일명 동전파스로 알려진 이 파스는 넉넉한 양과 효능으로 한국인들에게 유난히 사랑을 받고 있는 아이템이다. 약국이나 드러그 스토어에서 구할 수 있는데, 가격이 다 다르기 때문에 발품을 팔아야 저렴하게 구매할 수 있다. 귀국하는 날까지 구할 수 없다면 공항 약국을 이용해 보자.

⑩ 살롱 파스

로이히 츠보코와 함께 파스 계의 양대산맥이다. 사이즈와 질감의 종류가 다양하여 원하는 효과와 부위에 따라 골라 쓸 수 있다.

⑪ 사라사라 파우더 시트

무더운 여름날 땀으로 끈적이는 불쾌감은 이제 안녕! 물티슈처럼 한 장 톡 뽑아서 닦기만 하면 방금 샤워하고 나온 듯 보들보들하고 상쾌해지는 마법을 체험할 수 있다.

ⓟ 입욕제

목욕 문화가 발달한 일본에는 다양한 입욕제를 저렴하게 구매할 수 있다. 미용 입욕제, 약용 입욕제, 온천 성분 입욕제, 거품 목욕제 등 고르는 재미가 있다. 선물용으로도 좋다.

ⓑ 고마 드레싱

참깨 드레싱으로, 시큼하면서도 고소한 맛이 매력적이다. 샐러드에 뿌려 먹어도 맛있고 면과 함께 비벼먹어도 맛있는 만능 소스!

ⓝ 편의점 간식

티롤초코는 한입 사이즈의 초콜릿으로, 가장 유명한 것이 달콤한 인절미 맛의 '키나코모치'이다. 초콜릿 속에 들은 쫀득쫀득한 찰떡이 일품이다.
코로로 젤리도 요즘 핫한 아이템! 한국에서도 살 수 있지만 일본에서 구매하는 것이 훨씬 저렴하다. 진짜 과일을 먹는 것만 같은 특이한 식감과 달콤한 향에 푹 빠져들 것이다.

면세 받고 알뜰하게 쇼핑하기!

Japan. Tax-free Shop

위 마크가 있는 가게에서 면세가 가능하고, 일본 소비세(8%)에 해당하는 세금을 면제 받을 수 있다.
2014년 10월 1일부터, 그 동안 면세 대상이 아니었던 식품, 약품, 화장품 등의 소모품을 포함한 모든 품목에서 면세가 가능해 졌다.

❶ 면세 대상 품목

1. 소모품 (식품, 약품, 화장품 등) : 동일면세점에서 같은 날 구입한 5,000엔 이상, 50만 엔 이하의 물건.
2. 일반 물품 (가전제품, 의류품, 가방 등, 소모품 이외의 물건) : 동일 점포에서 같은 날 구입한 10,000엔 이상의 물건

   * 업무용 또는 판매용으로 구입한 것이 분명한 물품은 면세 대상에서 제외된다.
   품목에 따라서는 자국 내 반입이 금지된 물건도 있다.

❷ 면세 받는 방법

〈면세가 가능한 약국〉

1. 면세점의 계산대에서 여권 등을 보여주고 구입자 서약서에 서명을 한다.
2. 구입 후에 여권 등에 붙어있는 구입기록표는 세관에서 회수되기 때문에, 그 전까지 떼지 않는다. 구입한 면세품은 외국으로 가지고 나가야 하며, 소모품은 포장을 뜯으면 안 된다.

PART 7 일본즐기기 - 먹을거리

1 일본에서 먹방 찍기

1 편의점

일본의 편의점을 한국의 편의점과 같다고 생각하면 큰 오산이다. 일본의 편의점에서 판매되는 도시락이나 디저트의 퀄리티는 혀를 내두를 정도로 뛰어나다. 도시락, 디저트, 음료의 종류에 두 번 놀라는 곳으로, 일본 속의 또 다른 관광지이다. 겨울에 일본을 갈 일이 있다면 오뎅은 꼭 먹고 오도록 하자.

2 초밥

일본을 대표하는 음식이다. 일본의 초밥은 생선의 두께와 신선도가 상상을 초월한다. 회전초밥집은 그렇게 비싸지 않기 때문에 일본에 갔다면 꼭 초밥을 먹어보도록 하자.

3 타코야키/오코노미야키/야키소바

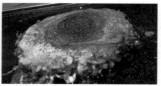

한국에서는 문어빵으로 알려져 있는 타코야키는 일본 음식이다. 도톰하고 탱글탱글 살아있는 문어가 맛있는 음식이다. 일본의 타코야키와 한국의 타코야키를 비교해 보는 것도 재미있을 것이다.

일본식 부침개인 오코노미야키는 양배추와 다양한 해산물 그 외에 개인의 취향을 많이 반영한 재료로 만들어 먹을 수 있다. 슈퍼마켓에서는 냉동식품으로 팔기도 하는데, 만들어서 먹는 것과 비교해서 퀄리티가 결코 떨어지지 않는다.

야키소바는 볶음국수인데, 일본의 간장 맛이 강하게 나는 게 특징이다. 빨갛게 절인 생강인 베니쇼가를 얹어 먹으면 맛있다. 서민적인 요리이다.

4 샤브샤브/스키야키

담백한 맛의 샤브샤브와 달콤짭짤한 맛의 스키야키는 일본식 전골(나베) 요리이다. 한국에서는 칼국수 사리를 넣어주는 것과 달리 일본에서는 우동사리를 넣어준다.

⁵ **라멘**

일본의 라멘은 소스에 따라 소금, 된장, 간장, 돼지뼈육수로 나뉜다. 일본 지역에 따라 유명한 라멘이 있다. 대체적으로 짠 맛이 강한 편이고, 특유의 향이 나기 때문에 호불호가 있는 음식이지만, 한국 라면과 비교하면서 먹어보는 것도 나쁘지 않을 것이다. 한국인의 입맛에는 돼지뼈 육수로 만든 돈코츠 라멘이 잘 맞는 것 같다.

⁶ **한정메뉴**

일본에도 맥도날드, 스타벅스와 같이 세계적인 프랜차이즈 매장을 만나볼 수 있다. 대부분의 메뉴는 한국과 비슷하지만, 일본에서만 한정적으로 또는 계절 한정적으로 판매되는 한정상품들이 많다. 맥도날드의 데리야키버거, 스타벅스의 커피 젤리 음료 같은 것들은 한국에서는 먹어볼 수 없는 상품들이기 때문에 일본에서 한 번쯤 먹어보는 경험을 해보자.

⁷ **디저트**

일본은 감히 디저트의 천국이라고 불러주고 싶을 정도로 디저트가 맛있다. 한국에서는 많이 찾아볼 수 없는 크레페도 일본에서는 대중적인 디저트이다. 또 디저트 전문점은 물론이거니와 편의점에서 파는 디저트도 퀄리티가 뛰어나다. 디저트를 좋아하는 사람이라면 일본의 디저트를 꼭 먹고 오는 것을 추천한다.

❷ 요즘 HOT 한 일본의 카페 (일본은 커피도 맛있다!)

1 호시노커피(星乃珈琲)

수플레팬케이크가 아주 유명한 인기 있는 카페. 두툼한 팬케이크가 입에 넣자마자 사르르 사라진다. 핸드드립 커피도 맛이 일품이라고 하니 함께 먹어보자.

* 일본 전역에 매장이 있음.

2 파블로(パブロ)

인기 치즈 케이크 전문점. 언제나 가게 앞에 손님들이 줄을 서있다. 취향에 따라 구운 정도를 고를 수 있다. 입안에서 녹아내리는 '레어'와 적당히 노릇하게 구운 '미디엄' 두 종류가 있다.

* 오사카에 매장이 있음.

3 카페 카이라(カフェ カイラ) : 하와이 분위기가 물씬 나는 카페다. 가능한 하와이 식재와 유기농으로 음식을 만들고 있다. 팬케이크가 유명하지만, 그 외에도 독특한 느낌의 오므라이스와 샌드위치 등 다양한 메뉴가 있다.

* 도쿄 시부야에 매장이 있음.